二戰前中後

張鏡湖著

書籍內容簡介

羅丁長襁褓中隨敗家的父母到建功村投友，不久父母相繼過世成為孤兒，當童年時便幫人家看牛混飯吃。

長成便成為仁叔的長工，專幹農事，而發現仁叔、仁嬸視他如己出，從小失去親情的他不禁感動流淚，誓言鞠躬盡瘁死而後已。

不料二戰爆發，他應召到南洋當軍伕而戰死沙場遺憾一世。

二戰讓多少家庭失去家人，環境驟變下如何在艱辛的環境中求生存，看了這本書更讓你了解二戰時期生活背景。

目次

一、投友

社寮村東鄰箕湖村，西通千三村新埤村，土地肥沃物產豐饒，民眾安樂。村裡有個紈袴子弟羅阿的，生活總是沉迷於酒色，賭博或打架，當乃父過世後再也無人管他了，於是其揮霍更本加厲，不過三年五年家產便變賣精光了。

家產空了，他又狠心轉而賣女，把掌上明珠金妹、玉妹、滿妹先後變賣了，剩下一個男孩丁長。他說：「把男孩留起來，將來延續香煙。」其實男孩沒人買，若有人買則早賣掉了。

最後其窩身的殼也賣掉了，而飢腸轆轆無處安身。村中老少都視他如豬狗，看不起他，人生到了這步田地他才想起社寮村不能再住下去了。於是想起移居建功村打工長住；由於他聽說建功北鄰一片廣大的製糖會社農地，它終年都需要許多工人打工，工資雖然微薄但也能夠餬口度日……。

他想到建功村立即聯想起二十年前上理髮店時邂逅的張阿蘭。據說他住建功村我們投靠他或請幫忙租屋，我們便長住該村，由於地理之便而在那邊打工過日子。雖然和他一面之緣時光又經過了二十年，彼此連泛泛之交都談不上，他理不理我還是未知數但現在舉目無親了，只好硬著頭皮冒味一試了。

他於是向妻子陽桂商量道：「走喔，準備喔，包袱款一款明天到建功投靠朋友而在那邊打工過活，不然我們會在這裡活活餓死呢！」

陽桂是個爛溫柔、爛好人，真是個完全嫁狗隨狗嫁豬隨豬嫁狐狸滿山走的婦人。阿的的胡作非為破家賣產行徑她從來未曾埋怨一句，依然親密如故，真是俗話所云的「愛甲流目油〈I love you〉」。

當然她對丈夫也百依百順，次晨夫妻吃過幾條地瓜充飢，而陽桂背起丁長便往建功出發，一舉步，一向不知什麼叫憂愁，玩世不恭的他也感到人海茫茫，舉目無親，何處是家……而不禁心情凝重起來。

他認為；我和阿蘭不過一面之緣，時間又過那麼久遠了，看來他雖然一副忠厚，但人性十八變，現在是否仍住建功……還是未知數，投靠他是否被潑一盆冷水趕出門？這些種種都令他的心情凝重不安，甚至心裡產生被趕出門的狼狽陰影，故社寮村與建功村不過六公里路，但夫妻足足走了八個小時。他們在途中看見人家在吵架便佇立圍觀而人散他們仍不散，看到適於休息地方便久坐，而在目送每一個行人……下意識地加以拖延時間，把想像中的被趕出門的窘態慢點出現，故當抵達建功時已日晡時分了。

他到村裡逢人就問：「阿婆啊，請問張阿蘭先生住哪裡呀？」

「少年啊，請問吧，張阿蘭先生住哪裡呀？」

「小朋友啊，張阿蘭先生住哪裡呀？」

「那邊，過去一點，從這條向東的巷道進去就是。」每個所問的村人都親切指引。

阿的照所指方向走去，到了該巷口竟有個穿著髒舊西裝革履的大漢熱烈歡迎他，向他敬禮、擁抱，阿的萬萬想不到潦倒這步田地竟還有天涯知己；但很快就發現他一身酒氣，原來他酒一喝，眼一茫，以為天下人都是好朋友。

「好朋友啊，張阿蘭先生住哪裡啊？」阿的問

「哦，就是從這條巷道進去。」酒友肅然起敬躬身伸手向阿的一請。

阿的向酒友道謝後走不到百公尺便見住家院中有一中年人在一棵楊桃樹下休息品茗，他一眼便看出那是阿蘭無錯——個子大、豐腴、皮膚白潤……。

「終於給我找到了」他不禁心裡歡呼一陣。

他樂得連向主人打招呼都忘記了，而主人還沒請坐便自己調把椅坐得好自在。陽桂也彷彿終於回到了自己的家似的，自自在在從容解下襁褓中的丁長悠閒坐上椅子而一直沒和主人打招呼。忽然來了這麼神氣的不速之客令阿蘭摸不著腦袋；而莫名地一直觀望。彼此默默經過幾分鐘後還是阿蘭開口問：「朋友啊，哪裡來？」阿蘭問。

「社寮的老朋友呀！」他答

「社寮的老朋友？社寮的老朋友？」阿蘭側頭想，皺眉想而總是莫名其妙。

「少年時在理髮店相識的阿的呀！」他看到阿蘭憶不起來而提示一下。

「喔，喔……我想起來了」阿蘭終想起來了，他雖點頭肯定，當有一次上理髮店時卻與一位青年一面之緣。但心裡不屑地道：「光是彼此點一下頭而以後從未來往過豈算是老朋友。」不過過門就是客，於是倒茶親切招待，敘舊一陣，而很快天色已昏暗了。

於是阿蘭命家人準備澡水和晚餐，因時間晚了，不便買菜。不過家裡平時準備的食物湊一湊也將湊成滿桌佳餚，差強人意，阿蘭一看不禁微笑；但立即發現尚欠一項——酒，但立即又想起：「看來阿的粗暴土裡土氣，若三杯下肚便胡鬧一場怎麼辦，於是立即卻步。

當入席時，阿的發現桌上雖豐盛但沒酒，於是不客氣地道：「桌上若沒有酒而再豐盛的佳餚我都感到毫無意思，我的個性就是這樣。」

於是阿蘭只好命家人取酒出來。果然不出所料阿的三杯下肚便酒話連篇；但不若想像中的粗暴。總是炫燿年青時打架所向無敵，一天花光多少錢。數不清的姑娘向我窮追不捨我都不理她們。他還很好笑地說：「家母以私房錢買一塊建地給我，讓我將來蓋一座大廈；但給我一夜豪賭便給賣得精光，哇，哈，哈。」

他說了一大堆，阿蘭不感興趣，但裝作傾耳而聽，後問：「老兄呀，你年青時哪裡高就啊？」

「我年青時是支大拇指，父親責備我花錢不手軟，我就發脾氣跑到中北部地方流浪。我的日語是一流的，我跑到二千以上工人的工地對其日籍大包商加以畫龍畫鳳，畫到他尾釘釘地，於是他便把一切工人的伙食都交給我辦，其收支任我畫，哎喲，此時錢財我最多——日進斗金。唉，但是不做財，天天酒色豪賭，當該工事收場時我的錢也花光了……。」

「那麼老兄呀現在你又有何貴幹！」阿的說來說去都是再說打架、喝酒、賭博……往事，阿蘭聽膩了而盼他改變話題而問。

「唔，人沒運狗咬淋棍〈一〉，每賭必輸，現在連立錐之地都沒有了，堂堂一個阿舍公子下場竟如此潦倒。太陽下山了！」這一問阿的不禁長吁短嘆。

「老弟已窮途末路了，而聽說建功比鄰製糖會社農地終年都有會社工可打我就是冒昧請兄幫忙介紹在貴村租間屋棲身，打算長住下去打工為生。」阿的接著說。

「歡迎，歡迎，有此心願我就盡量幫忙你。」樂於助人的阿蘭不但不覺得麻煩，倒是十分高興。

註一：淋棍即男性撒尿器官。

二、凶宅

阿的談起租房一事，阿蘭便立即想起了村裡的凶宅，該凶宅正座落於村莊中央，不少無殼貧困人家曾住過既不用繳房租甚至未向主人報備也進去長住，這座四合院的凶宅其建地足有五百坪。

昔日這塊地本住著一位老阿婆和其兩個兒子，本過著愉快日子，不料老大阿興因沒檳榔吃竟跑去偷採人家的檳榔而被主人發現；主人便以削尖的長竹從樹下往上捅，把其卵子捅破了而掉下來摔死了。

老二阿鐵則是一位篤實、純良的青年；且體格壯碩，肌肉豐腴，皮膚白皙，一捆烏溜溜的長髮從頭垂到腰間，真是一個不折不扣的俊男。他時常到新埤店舖購物，他一向笑面迎人，見鄉親或熟人便招呼道：「來吧！到我們建功玩吧，我們建功滿山遍野的野果呢。」

不料這個人見人愛的青年有一天竟染上流感，不過三日便病逝了。兩個兒子都喪失後，老阿婆舉目無親孤伶伶住著老舊的土墈厝裡含淚度日。她認為人生已到了盡頭，只有在此破屋住到離開人世了，她卻未曾想過身後這塊建地因無親人繼承而遭歸公。但莊頭的張家五兄弟當阿興、阿鐵兄弟一死便發現老阿婆那塊地蓋屋最好——坐落村莊中心，又在道路邊，老阿婆一死又沒有親人繼承；老阿婆必賣無疑……因此萬份覬覦。

庄頭的張家五兄弟有財有勢，一向橫霸不講裡又個個壯碩如牛且十分團結。他們錢很多想蓋一座美輪美奐的四合院，一直苦於找不到一塊適合理想的建地。難逢有此機會老大雲崧便很快地請仲介運恩遊說；趕燒趕熱，運恩立即跑去見老阿婆。

運恩提醒老阿婆道：「你身後沒親人繼承這塊地，一但你的二腳一伸這塊地便平白歸公，不如有生之年趕把土地賣賣將其一大堆鈔票慢慢享受養老……。」

「哎喲，這塊地為我先生的祖地，我在這裡足足住過五十年了，我捨不得離開也絕對不賣，當我眼珠烏了，管它誰得還是歸公……。」老阿婆答覆。

遊說遭拒絕，但雲崧不死心，一再從後面推運恩再去一趟又一趟，於是運恩早上門夜上門而向老阿婆一說再說勸誘她，弄得老阿婆不勝其煩。

老阿婆煩死了，竟異想天開以「賣他們可以，不過必須讓我住到眼珠烏」這句話敷衍，認為他們絕不能接受這條件而死心。

不料運恩一回報，一會兒竟見雲崧和運恩雙雙拎一包鈔票來了，老阿婆一言既出不能反悔，當銀貨兩訖讓渡辦好後未隔日，老五雲崢便開始趕老阿婆搬家離開了。

「老人家！土地已我們的了，妳趕快搬走，我們要動土蓋房子了。」雲崢無情地趕老阿婆。

接著老三、老四……都輪流天天上門趕她。她百般要求也說盡好話，而兄弟們都嗆她：「不行，不行，我們要動土了。」

此時老阿婆始深深後悔，認為白紙黑字墨水未乾就食言毀約蠻不講理令人痛心。

以後張家兄弟無日不登門趕她，不是說要放火燒掉她的破屋就是要她的屋頂開個大洞，讓她住不下去。她曾想搬家讓他們可以進行動土蓋屋；但舉目無親，想來想去都沒有一處可去的地方，快離人世了，誰還敢租屋給我，於是只好忍辱厚臉任他們趕了。

經數日老阿婆恍然想起：「這建地這麼闊，若和他借一隅空地結一間小廬安身則他們一定能同意的。」但她向他們一提，而五兄弟都大發雷霆：「不行，不行，快走快走。」

老阿婆不走，五兄弟又急著大興土木趕建，於是五兄弟只有期盼老阿婆早日歸仙了。果然上天不負五兄弟的願望，不久老阿婆終於病倒了。臥倒床榻，終日呻吟令五兄弟不禁額手稱慶。但一天一天過去仍不斷氣，又令五兄弟等到不耐煩了。

當有一天一股強大寒流壓境，老大雲崧靈機一動想出一種妙法。立即招集兄弟商量，他以下顎左點右點前點後點以暗示晚上要進行的工作，兄弟們都會意點頭。

當夜北風習習，寒風刺骨，且下著霧雨，店家早就打烊，人們早就躲進房裡進入夢鄉了。當夜闌人靜五兄弟便一擁而進入老阿婆的病房，將病榻上的她抬上担架，老人家想掙扎都沒氣力了，斥問五兄弟說：「你們要把我做什麼？」之後再也無聲說話了，而任由他們擺佈。

五兄弟將老阿婆抬到百米外的一條大圳——為婦女們早晨集中在洗衣服的地方，建有下圳的石級；五兄弟就將奄奄一息的老阿婆拋置在石級上，其身邊還放置半桶待洗衣服，故佈不慎跌倒疑陣。老人家無力掙扎爬起，不過一小時她便凍斃石階上了。

當天曉前來洗衣服的婦女便發現而眾人都誤認為老阿婆為前來洗衣摔到凍斃的。兄弟謀殺行徑神不知鬼不覺。當老阿婆一死，五兄弟立即大興土木，經一年多便建峻一座寬大美輪美奐的四合院了。

當落成入厝時，連演五天外台戲以慶祝，還搓一石米湯丸請參觀祝賀的大眾食個甜。一個大家族興高彩烈搬進新居；但搬進新居當夜雲崧便聽見臥房屋頂的紅瓦西西沙沙，一夜響個不停，做賊心虛的他不禁毛毛地恐懼萬分。但怕家人獲悉而心生害怕弄致一家慌亂不安，而他裝做鎮靜若無其事似地。又怕外傳而謠言滿天飛致人心惶惶。故他一直守口如瓶，一個家也表面上過的平安無事。

其實一家五個妯娌他們每忙家事到半夜時，每每聽見傳來非人、非禽、非獸的哭叫或飄忽的黑影，而她們竟也曉得不要亂講，務靜待求證。然而其怪聲黑影更本加厲。此時老大妯娌始禁不住告訴丈夫。

「頭家呀，住豪宅多麼享受，但深夜你聽見怪聲沒有？我們五個妯娌每到深夜都聽見怪聲見過黑影。」大妯娌告訴丈夫雲崧。

「亂講，興旺如日中天的家怎麼會出現什麼瑕疵，我住得平靜快樂得很，你們卻疑神疑鬼……。」當妻子一提家有怪事他便大發雷霆呵叱，他怕一旦相信則整個家庭必悽悽惶惶不可終日。

一提起便遭嚴厲呵叱，丈夫也絕不相信，經此教訓她們竟也領略些家事不可外傳的道理而不敢再提起了，於是家庭在表面顯得平靜。但不久老五雲崢竟染上惡疾，不過二天時光便歸仙了，接著老四、老三像倒骨牌一般一一倒下病故。

當老二也染病而病入沉疴時，老大看破了而呼喊「蹓喔！」。於是舉家殘族搬回莊頭故居住了。張家搬離後新厝就一直在養蚊子，晚上乏人敢經過，白天連兒童都不敢在附近玩耍……而成為一座凶宅。

經過幾年後有數個外地來的挖圳工人，因租不到房子住而勇敢住進去，村人都以為晚上有戲看了。但並不若想像中的；他們住進後倒樂得歌聲悠揚，並無怪現象出現。以後的漫長時光裏有不少無殼貧困人家或外來工人住進其凶宅。凶宅富麗堂皇，堅固乾爽，水井、便所、花園……應有盡有多爽快呀！

那裡居住不但不用租金，甚至沒經屋主報備竟也進去長住。

阿的一家人住進去時已有三家人住著，其中一家為賣紅龜粄的寡婦，一家為獨身的駝背福，一家為收破爛的長腳華。

梅

三、墾殖

阿的如願以償定居建功，而陽桂天天往會社農場打工，他則幫人家翻蓋屋頂——村裡多為土堈厝而蓋茅頂。茅頂每年或隔年必須翻蓋一次，故許多工作可做。幫人家翻蓋算是師父工，工資優厚，吃一餐，又有點心，香煙任人抽……，手勤不受貧，一家生活過得好愉快。

有一早他始發覺村人無早便有的驅牛，有駕牛車，有的荷鍬肩鋤……而紛紛往東邊河野走，探問下獲悉村人們利用旱季往河野進行墾殖工作。他們以為貧人家賺錢買地談何容易若往河野賣力墾殖，不但擁有自家田地也不用租稅，何樂而不為。他聽到了不禁嚮往萬分，於是他也湊熱鬧而進行墾殖工作。

力力溪上游真是遼闊，一望無際而處處可見大小綠洲。阿的荷一支長嘴鋤到各綠洲挖掘探測土層，終找到一塊約甲地綠洲其土層深厚十分合意而進行開墾。

墾地實在勞力忙碌，夫妻和村裡墾殖的人家一樣，清早吃過早飯便動身上路往河野走。阿的荷農具，陽桂則挑擔竹箕，其一頭為炊具，和一些菜，另一頭為小孩丁長。倆忙到中午時，就地做炊過午……。

他在紅太陽下挖除蘆花，掘樹根，撿石移石……，工作時一向都裸著上身，甚至帽笠也不戴。初夏的烈日把他曬到一身紅赤，宛如穿一件紅衫似地。夏日炎熱，人家因避暑而都晚一點下田晚一點收工。當黃昏收工時分，入村的門樓下收工回村的工人宛若百鳥歸巢，熙熙攘攘。

回家經過門樓時，阿的和出發時一樣荷著圓鍬或長嘴鋤，陽桂則依然一擔竹箕。一頭是小孩另一頭則是炊具加上墾殖時撿獲的木柴等。人家忙到黃昏始收工。但住門樓比鄰的朱丁嬸早就吃過晚飯在路邊觀看工人回村的熱鬧了，她對阿的那件不破的紅衫最好笑；每每打趣道：「阿的呀，你那件紅衫真是穿不破的！」阿的已知天命之年，開始肥胖了，柔軟的肚皮周圍如蓋下垂到掩住褲帶，彷彿一尊彌勒佛的佛像令人發噱。

朱丁嬸的打趣有如一真強心劑，阿的不禁神氣十足起來。他從前無所不為，所做都是荒唐事，人見人恨。現在改邪歸正自食其力，竟有人讚賞了，他不禁樂不可支，陽桂也不禁莞爾。

阿的每當墾荒夕歸，走經一道樹林邊，面對西方行將西沉的紅太陽；餘暉染紅的原野，他見前面彷彿已走到紅太陽下而揚起白塵的牧歸牛羣……的醉人畫面，阿的不禁泉湧般憶起往事和遐思。

他想起父母望子成龍的苦心，而自己卻把許多遺產花光是個不折不扣的破家子。有次流浪到北部一處二千以上工人的大工程裡擔任辦理伙食，而油水多日進斗金，竟不曉做財，有錢盡花。還曾把一個無辜青年弱者打成內傷而日久成疾病故……。但逝者已矣，想補償贖罪，但時光不倒流而總難以如願。於是他愈想愈不原諒自己——亡羊補牢，只好在此餘年好好做人，多做善事或可減少罪愆而有些心安。他邊行邊後悔糊塗往事。

足有二個月時間的刻苦奮鬪，他終把一塊荒蕪的綠洲闢成一片田。經牛犂一翻，新土一現，一塊良田便呈現眼前。田的形狀正四方，令阿的更為滿意。他天天都流連田間，有時佇立田邊欣賞他的如意傑作致出神忘我。有時又錦上添花；田土中的石礫早撿得乾淨了還再下田一撿再撿，撿到田裡再也難找到黃豆大的小石了，他精耕再精耕。

路過的農夫見景讚賞不絕，欣慰他已改過自新，且顯得潛力無窮，但也有農夫見景不屑地嗤之以鼻，並預言道：「啊，他不過五分鐘熱罷了。」

正好那年天氣反常，當時序進入梅雨季時。天氣還赤日炎炎苦旱不雨，農民們都時時仰天渴望雲霓；往河床墾殖的農夫更盼一陣甘霖而下種。

有一晚終於盼到了，晚飯時間竟傳來陣陣悶雷。當就寢時間便見幢幢烏雲湧起接著雷電交加，接著大雨傾盆而下。一生從未摸過一次稻秧，對農業完全外行的他聽過人家說河川地適合種地瓜，地瓜可當糧食也可養豬賺錢，於是他也決定種地瓜。

從未種過田的人經驗缺乏，材料缺乏，工具缺乏。今晚下雨明天就要把地瓜苗下土了，臨陣難免緊張而久久難以入眠。於是夫妻討論起選什麼種苗，怎樣進行工作……。夫妻倆談到已凌晨了。而阿的發覺外面屋簷滴下的雨水聲不太對勁；一般簷水著地的聲音為霹、霹、霹。但此時聽來則噸、噸、噸的聲音，他提燈出來一看嚇然堂前曬埕上的雨水已盈尺深了，他擔心或許山洪爆發了。

天一拂曉他便下床一看，馬路已成條河，整個村莊都成澤國，「完了，完了，我的田。」他料想愛田已在山洪包圍中岌岌可危，而返身連忙穿上簑衣想跑去看他的愛田。竟也想到取支竹竿探路，因心急迫不及待而取恰好在身邊有一支陽桂的曬衣竿充當探杖便急著動身。

陽桂發現便連忙阻止道：「縱然山洪正在沖刷我們的田，你又能阻止它嗎？水深路暗處處陷阱，你能走到田裡嗎？」陽桂語重心長，阿的則充耳不聞。陽桂勸阻不成而只好吊起嗓門叮嚀。「你要小心吧！」阿的則不答半句，也沒回一下頭便以竹竿探路一直往河野那邊走。

阿的走到郊外放眼白茫茫一片，有些地方水深又急，往東方愛田那邊遠眺海洋一片，以前所見一島一島的綠洲再也不見了，自己愛田的座落更難以辨別。

隔日天晴水退，他又立即跑去河野看田，見整片河野都化成沙灘，其愛田不但遭沖刷無蹤，還被刷成一條大河，一切都完了。此景令他險些暈過去，痛不欲生。費盡一切心血，流了不少汗，做過數不清的美夢和編織無數憧憬……。一夜之間竟化為烏有；尤其受盡人家奚落：「他不過五分鐘熱罷了，他招搖撞騙擅長，正經事沒有半撇，想種田哪是料子……？」

人家的奚落和蜚短流長他真嚥不下氣，想和人家爭又覺得浪費唇舌，認為唯有以努力認真做才是攻破人家的譏笑最佳武器。現在呢？一切抵禦人家譏虐的武器全沒有了。

他哭過一陣後一向蠻不講理的個性又復萌了，他竟很快就轉為橫蠻，怨天尤人，以為改過從新做人了，上天應該有保庇的，卻反而製造洪水把他置於死地，而遷怒上天，誓言：「好，我不做好了，我要做壞了，能做的盡做了。」他所謂的能做盡做的對象竟是無辜民眾。

四、火燒稻草堆

阿的誓言再也不做好人了，以抗議上天好心沒好報，於是不務正業，每當夜半便擔起竹箕往田洋走而見人家肥美的蔬菜或成熟的瓜果就採，他沒曾種一株稻一株菜卻享受不盡的果菜和玉米……。人家的果菜長期被偷，人家都心知肚明懂得誰偷的，有涵養的主婦則以為偷去就算了，無論如何自家總吃得比他多。但有些潑辣的主婦則常指桑罵槐，從莊頭罵到莊尾，他們懂得誰偷的，只是沒捉住人罷了。

有一深夜他又挑起一擔竹箕動身出發了，他走過家前百米處大圳上的一座竹橋，所向便是一片萬傾稻田了。農戶們求自給自足而習慣騰出一隅土地作為種瓜種菜之用，故田洋裡處處見小菜園。

他以偷賊度日，賊頭賊腦，人家的菜園種些什麼菜，種些什麼瓜，誰家種玉米……都過目不忘，誰家的玉米何時正當成熟了……，他都料事如神。他一到田洋便無主孤魂般橫行直走逍遙自在當起了山皇帝。

當夜浩瀚穹蒼繁星熠熠，把大地都照明了，賊眼總比一般人銳利，他在星光下有如白晝而飄忽於意料中的已有成熟果菜可採的菜園之間。他在晶瑩燦爛的星光下蠻石竟也點頭，不禁神往而唸起歌謠：「七姑星七姊妹，下來偷摘菜，摘七被，留來嫁屘姨，屘姨嫁在美濃竹頭背，吃粥傍鹹菜。」他也唸：「月光華華，細妹煮茶，阿哥調欖，人客吃茶。」

正當阿的在田洋飄忽選採他最喜愛而可口的蔬菜時，村裏的鍾順興睡眼惺忪中發現窗外火光閃爍。撞出房外一看原來是鄰居阿的宅邊的稻草堆和柴堆白煙滾滾，正在著火燃燒而順興立即衝到馬路上高呼：「火燒屋啦！大家救火喔！」

雖是三更半夜，村人應聲彷彿蜂巢一般。提桶傾巢而出，趕來救火。村人自古便有守望相助的美德，當聽到何處失火便前仆後繼奮不顧身。他們有的水井裡打水，有的往大圳舀水而以接力方式送水……總是密集合作無間。

草堆失火都會進行悶燒，當悶燒則非掀開稻草而迅速灌進水便救不熄。於是青年，順登、連輝、諒雲等勇不可當在煙火瀰漫中移梯爬上草堆頂端，順登一掀開稻草連輝就將水對準灌進去。諒雲則從下面接水迅速交給連輝，場面渾然而分工井然，前仆後繼，不過幾刻鐘便把火場給控制了。一時地面上便如下雨一般積水盈寸。

稻草堆為賴家的，柴堆為羅阿的的。火原為一墩垃圾堆起火引來的，此垃圾堆為很久以前賴傳己因事忙而把家裡一連好幾天收集的垃圾暫時放在自家一處空地，不料鄰近的爛主婦竟也把自家的垃圾提來倒在一起，望人家幫她處理運走。有樣看樣其他爛主婦也把自家垃圾提來倒在一起望人家幫她處理，故愈積愈大堆。稍後人家竟誤為是座公共垃圾場了。以後大半主婦都把垃圾倒在那裡。

陽桂就是上夜把灰燼倒在其垃圾堆，當夜半便死灰復燃，開始冒火而附近地面又很少打掃，於是火苗便隨地面雜穢延燒到柴堆和稻草堆。

那些都是賴家祖地，子孫同享，故各個人的草堆，柴堆成群，若火勢沒及時救熄，其後果不堪設想。這場災難及時成功阻止，其過程又顯得村人的守望相助團結一致，其精神實令人自豪，尤其爬上高高頂端奮不顧身灌救的順登、連輝、諒雲和穿梭民眾間奮不顧身的中年人清明、傳秀、深仁等他們都對此成功的救災果實振奮萬份而都不想立即回家睡眠；他們都想慢慢回味成功滋味一番。

而當火熄，人家都散場回家睡覺去了而他們還流連火場，六人圍攏一起舉手劃腳一再回味無窮地，談論方纔的完美救災過程。陽桂看他們一直站著談論便搬出一張茶几和椅子，泡一壺茶請他們喝茶聊天其時夜深，天氣轉涼了，鄰居的順興看到他們還在聊，於是取來幾件外衣給他們披上保暖。他們有茶又有坐故繼續在露天中圍桌喝茶聊天。

「草堆上濃煙瀰漫，我慌忙掀草弄得氣喘吁吁而張口呼吸，不料連輝慌亂中把整桶水沖上我嘴上害我吞進好幾口髒水，唔，真是尷尬。」順登遺恨又感好笑道。

「兵慌馬亂大家急著救火，快行沒好步常常錯誤百出。」連輝不好意思地道。

「唔，不幸中的大幸。這都是托陽桂的福氣，要不然這場火事沒那麼快就控制住。」年紀較長而保守的清明，他不知以什麼根據判斷是陽桂的福氣。

他們你一句我一句他一句繼續談著，而傳秀忽然發現什麼似地，側頭想又仰天想，然後一句:「咦，怎麼沒有看見阿的。」自家火燒屋當火主的阿的應該身先士卒才對，但他連影都未見，當大家忙著救火時沒有一個人想到，當冷靜後傳秀始想到而甚感蹊蹺而立即問返身要往廚房泡茶的陽桂。

「陽桂，怎麼沒有看見阿的？」陽桂尷尬而故意沒聽見轉身便進去廚房了。傳秀的一問，清明、深仁……一起聊天的始一齊想起阿的怎麼不在家而面面相覷。

當陽桂泡過茶再端茶過來時，順登又問:「的哥怎麼沒有見到一下影子，陽桂則含糊其詞支吾一下而令他們老是面面相覷而異口同聲口唸著:「奇怪，奇怪。」

家裏火燒屋，村人聲嘶力竭人馬仰翻奮勇救火而阿的則快樂地在田洋裡倘佯，四處選擇最喜愛的瓜果蔬菜、玉米……裝滿一大擔，然後像平日般哼著凱歌踏上歸途。

他走過大圳上的竹橋便開始聞到煙火的氣味而一直感到好奇怪，卻萬萬料不到自己家裏出事而一直往家裏走。他習慣從屋前一塊柚園走出，經過竹橋便豁然一片萬頃田洋了，他回家則經過竹橋進入柚園，柚園一出便踏上自家院子了。

他一直走，當走進柚園時曾聽見有人在談話的聲音，感到奇怪，半夜竟還有人在談話卻毫無料及家裏出事而當一踏出柚園第一步便發現談話聲竟來自自己家裡，他立即返身想躲避。但是順登發現了，他挑大擔蔬果，此時傳秀、深仁、清明……始恍然大悟，原來他重回老本行而在吃露水飯了。

阿的進退維谷，只好厚著臉皮默默低頭挑著一大擔蔬果走經他們茶座旁，進入其院內了，弄得他們幾個發呆痴望著他，然後面面相覷。

阿的沒種一株稻，而全靠偷竊養活一家——他定居建功不過短短幾年便連生三個女兒。堂妹、寶妹、來妹，陽桂真是個年生母。

阿的晚上打更去，在家的兒女則睡夢中都盼望阿爸滿載而歸採得多多瓜果或玉米，供兄妹大快朵頤。

五、金星牯〈註一〉

魁善資秉深厚，精明伶俐能言善道又膽大。進學堂一向名列前矛但個性好逸惡勞，書唸不下去，有田也不種而熱衷吃軟飯。他對命理一知半解卻跑到百里遙的美濃等地幫人家算命，他在那邊算命足可餬口快樂度日。

不料日人在台灣積極皇民化後傳統的算命很快就式微了。誰還要算命？於是打包回建功老家。回到老家亦一樣仍然吃軟飯，開賭場。由於農村生活單調，缺乏康樂的場所，故賭場正好成為村人消遣的地方。有不少村人夜半便上賭場光顧而想賺一些錢用。

魁善每天有了抽頭收入，天天便有煙抽也有錢糴米生活過得不錯。不料魁善的好康竟傳到新埤派出所的台籍日警金星牯耳朵，他認為機會來了，次日上午便登門調查。

魁善聞風出來門口迎迓，他一見魁善變問：「聽說家裏有人賭博『嘿！嘿！嘿！』不可賭博……。」嘿！嘿！嘿！是他經常訓人的口頭禪。

「沒有哇，我們這裡沒人賭博。」魁善答。

「他不信，跳下單車便衝進其房裏查看，一進客廳他便脫下制服上衣，掛壁上衣鉤，一邊猛幌五指向魁善重申「不可賭博」然後查看每一個房間，見房間沒有人在賭博而他又跑到屋前屋背查看，豬舍雞舍棧房，有時還蹲下查看其死角。查沒有人在賭博後便返身進房取上衣穿上，騎上單車離開了。

魁善這老江湖，金星牯厲害，他則更厲害，方才金星牯猛搖五指他便會意。當金星牯跑去屋背查看時他便悄悄塞五十元進掛衣上的口袋，這樣魁善便將大事化無了。

以後金星牯都按月上門調查，每次都老樣，一進客廳便脫下上衣掛上後便四處查看，當未見有人賭博便返身穿衣騎上單車離開。魁善則當他出去屋後查看時就塞五十元進他的衣袋，於是賭場得繼續經營下去。

賭場得以順利經營魁善的家計便漸入佳境，本家徒四壁的客廳出現各種美化的飾物。善嫂也時穿新衣服，登門喝茶吸煙的朋友常見一大堆。這些種種景象令一向笑他們貧窮無米煮的對面鄰近的菖嫂嫉火中燒，而每當半路相逢或聽到提起善嫂便無不嗤之以鼻。有一晚飯後不久，對面魁善的房內已有人開始在乎驢喝雉，簷前也聚上好幾個茶客在喝茶談笑了，有時發出怪異笑聲，令凶悍多疑的菖嫂此時嫉火再也嚥不下去了。立即起身跑到三里外派出所檢舉；人家檢舉了，非查不可而金星牯立即率領手下，四個壯丁騎上單車上路往建功跑。

他們一轉入一條往建功的鄉道便發現前面一輛進建功的牛車，夜行沒有點燈。車輛夜行沒有點燈是違警要受罰的。他們五人趕到後金星牯一夥便下車盤問：「你怎麼不點燈……？」

駕車的男人為廖進福，他也是建功人，因他向東港大地主租地種田，當收獲時要把租穀送到東港交與地主，他計算清早出發，當繳交租穀後回家時間綽綽有餘，不會太晚不用帶燈。不料地主嫌其租穀不夠乾燥而把它打散再曬一段時間，因而時間變晚了，當車回到半路便入夜了。

他懂得夜間行車不點火會挨罰的且難免摑掌的。他靈機一動便答稱：「我是一位壯丁團啊！」他以為壯丁團經常當值幫警察抓竊，救災、維持秩序……。人總見面三分情，逃不過罰款或許摑掌可倖免，而且他確實也是位壯丁團啊。

「那麼，操演給我看看。」金星牯不太相信他為一位壯丁團，於是命進福在夜色蒼茫的馬路上試操以求證。

「立正、稍息、向右轉、向左轉、向後轉、齊步走、正步……。」進福不但幹得閑熟連動作都如儀，於是認為進福確實是一位壯丁團無錯，但壯丁團並不能沒法紀，於是以手電筒照著進福的臉而以中指對準鼻腔彈打一下，便返身呼隨行的壯丁團說：「我們走」於是騎上單車又往建功出發了。

當他們一行趕到魁善的賭場時，整個院子裡都靜悄悄，賭徒們早已聞風鳥獸散了。連魁善家人都不見其影子，於是老狐狸金星牯便吩咐道：

「我們且慢走，這裡埋伏守株待兔片刻。」於是有的隱身草堆，有的躲在牆角暗處……。

果然不出所料埋伏不過二刻鐘便見一個走走停停進來的人影，人影愈走愈近。原來這影子是莊尾的陳新德，他年老單身獨居貧窮，他每當上夜在家裏吸煙打盹。當返點時分便懷上一種名「輪寶」的賭具動身上賭場，他在賭場轉動轉動「輪寶」讓人家下注，一夜下來買煙、糴米錢就有了。他就是天天這樣規律生活度日，他走進賭場時發現賭場與往日大異其趣，往日門庭若市的熱鬧景象竟一變為靜悄悄，連一個人影都沒有，他感到苗頭不對，但想返身又不捨，於是走幾步又停下伸長脖子探望一下。

當他走到門前看時果然一個人影都沒有，但他還不甘，見其房門都敞開著他又伸長脖子往裏探望，並傾聽有沒有人在講話，他一間探過一間，當探到其客廳時金星牯他們一擁而上把他碾住倒在地上唉唉叫痛。

「這麼好賭，現在抓到了吧！」金星牯神氣地說。

「沒有沒有，我是拜訪魁善而來的。」雙手被揪著，頭被踩在地上的新德側著臉爭辯。

「我不信，搜！」四個壯丁團從他身上搜出一顆名輪寶的賭具。

「帶回派出所！」金星牯下令。

「在一起賭博的有幾個，什麼名字。」沒證據證明新德參與賭博，新德也不認罪，但金星牯以肯定他是賭博犯，還逼他供出賭伴的姓名。

新德擔心一但認罪恐遭毒打一場，二來明明自己確實沒有賭，哪裡找來賭伴姓名，而且更不願亂點無辜冤枉人家，故堅不認罪。

「好，等一下子你就乖乖認罪。」於是拿起皮鞭往其背部猛抽，甚至額門面頰都不客氣，停過一下後見他還不認罪又再抽，抽到新德二便都不禁了，新德始領略生命要緊而只好認罪了。至於賭伴姓名則只好唸出自己較熟的名字。廖進福、賴順良、陳鼎秀、張梅霖……數十人。

獲悉賭徒姓名，金星牯立即發出傳票命令明日八時派出所報到。廖進福收到傳票一時摸不著腦袋：「金星牯定我賭博罪，我一生從未進過賭場怎來賭博罪，而且明明當晚我駕牛車沒點燈，當他來抓賭博時被他撞見還被整過一頓，他來抓賭和我不點燈半路被整可說同為一時間的事，難道我有二個身子？一個正在駕牛車，另一個則同時在賭博？」

他到了派出所報到時金星牯給他先抽一鞭後責問：「賭博是犯法的你不知道嗎？」金星牯有個壞習慣，凡是民眾三分小事進衙門無論青紅皂白必先抽一下皮鞭後再問。

「沒有，我並沒有賭博。」進福答辯。

「還狡賴，新德明明說和你一起賭。」我不信。

「隊長啊！我是冤枉的，難道忘記了？當你往建功抓賭途中因我駕牛車沒點燈而給你抓著處罰我，基本操練一場……。」金星牯當警察也兼壯丁團的隊長，故身為成員的進福便尊稱他為隊長。

一般民眾向他央求或辯解時他一向都不理不睬的，但進福這一辯，卻引起他的興趣。他閉目又側頭想一陣後想出來了。認為這是事實當時他駕牛車趕路怎能同時又在賭場賭博？他雖然證實進福清白，但仍然叱咤他：「胡說八道」。

一向貪得無饜的他不禁暗喜：「還好，雙料罰金多爽快。」

進福認衰，當踏出衙門時不禁唉嘆曰：「真是不白之冤。」

註一：牯：客家人習慣對個子大的男性名字後面加一個"牯"字，類似「先生」的意思。

三山國王
小美園戲劇團

六、阿的失蹤

阿的定居建功不過幾年間，妻陽桂再生三個女孩，堂妹、寶妹、來妹，她是個年生母。其中堂妹最美最可愛。她肖母，皮膚白皙細嫩，真是天生麗質，阿的愛極了。在其私心下便以為世上再也沒有比堂妹更美麗的女人了，故他視為命脈，掌上明珠。

有次堂妹染病發高燒，病入膏肓，他愁得以淚洗臉向人家哭訴：「若堂妹有任何不測，我也不想活了。」

不料事隔不久堂妹五歲剛過的初春正月初七，村裡來了一對年輕夫婦，據說來自高雄街，謂已婚數年而尚未得一子嗣，想來找一二個小孩收養。他們在村裡逢人就問，終於在村腰買到名春田的一個女兒，以四十元成交。

春田因久病不癒，田產因治病統統花光了，想放棄治療又難忍其苦，於是含淚把掌上明珠一個再一個賣掉了，盼望病癒後再把她們贖回來……。

四十元錢等於四千斤稻穀的賣價，消息一傳到阿的耳朵便令阿的激動坐臥不寧：「唔，四十塊錢真是好大的數目……。」他說，於是自動向那對夫婦推銷。

阿的本想賣寶妹的，但那對夫婦前來相小孩子時卻中意堂妹，他們非堂妹不買，終於一樣以四十塊錢成交。堂妹被那對夫婦抱去了。阿的見錢眼睛大張，骨肉親情剎那一掃而光。

新年一過上元節又逼近，為建功村大廟盛大的廟會。即將舉行王爺遶境，新生男兒拜神儀式，演連場外台戲。當初十晚上是場壓軸好戲，村人為觀戲，而萬人空巷，自帶坐椅或板櫈往戲台前擠，甚至連鄰近的南岸村、新埤村、打鐵村都有不少人趕來觀戲奏熱鬧，整個廟前廣場人群擠得水泄不通。

當劇情演到一位癡情女誤進一位採花郎的圈套被始亂終棄，她失身又被放鴿子又是丟在遙遠不認識的地方，為了求生她只好一邊乞討一邊找尋歸路。她沿街邊哭邊乞討，哀求人家：「頭家，好心好諒一些來幫助吧……！」

飾演的苦旦色藝雙全，演得活生生地如在其境，令場面一片同情之聲，許多婦女們都受移情作用而眼淚如注，汪汪拭不盡。同時許多人以鈔票搓成紙彈而猛往戲台上丟作為賞金，甚至有些叛逆的年青人以硬幣銅板對準苦旦的雙峰丟，場面真是渾然激動極了。

這場騷動稍緩後同坐一條板櫈的賴傳秀和鍾來生便開始談起：「這個小美園團早就出名的……。」來生說。

「這個苦旦以前演過燕飛的，人美又善演悲劇，真是難得的天才……。」傳秀說。

倆不過談過片刻忽然一陣鞭炮猛烈響起同時一片叫好的歡呼聲。當鞭炮硝煙飄過，戲台前便出現一張紅色海報，「色藝雙全」賴阿先賞金五元正。

「看戲有趣，送賞金的活動更有趣。」當授賞金的狂歡場面稍靜後，傳秀向來生道。然後倆又開始談論，不料鞭炮聲再猛烈響起。

這次則賴己辛授賞金，賞金六元正。接著鍾慶德又授賞金七元正，接著還有好多人送賞金。觀眾吶喊歡呼有如啦啦隊一般有趣極了。但他們還欠缺什麼似地紛紛揚起頭環顧——原來他們在念念不忘：「怎麼我們的長者謝庚生還未出現。」

謝庚生為村裡的新賺錢暴發戶，他當會社農場的包工和苦力頭。據說外快如泉湧，十分好康，幣呀擠擠。為人又豪爽，樂善好施，出手大方，他對於鼓舞性的賞授也從不後人，且都在最後出手，有如攤出王牌似的。

觀眾頻頻引頸環顧，口裡唸唸庚生伯怎麼還未來之際，終於發現他從遠而來。但鞭炮早已猛烈響起了，同時也出現了海報：「旦比花嬌」謝庚生賞金十五元正。原來他剛一動身而報馬子早已抵達。

觀眾期待著、急著對賞金數目揣揣測測，庚生伯的賞金王牌終於揭開了而且數目驚人。於是又一片喝彩聲，雷動久久不絕，當場面稍靜後來生向傳秀說：「十五元足夠糴入一千五百斤稻穀了，我們種田人忙過一整年還賺不到十五元呢！」

眾人急著快點知道庚生伯的王牌數字已揭開了，觀眾的喝采聲也冷靜了，那表示今年的壓軸好戲可算成為過去，只好等待明年了。當觀眾對這個快樂的上元節戀戀不捨之際意外地忽然鞭炮聲又大作，同時出現紅色海報。竟是三餐不繼的羅阿的所賞的，賞金二十元正。真是令人跌破眼鏡，觀眾一再拭目一看再看確實是羅阿的所授的賞金。觀眾又面面相覷一番，同時爭相引頸看看阿的有沒有在現場。其風度又如何。此時的阿的則西裝革履在廟堂廂房辦公室正和爐主曾新全談話。

庚生一向授人賞金從未有人望塵得及的，萬萬料不到竟敗給阿的這個無名小卒。阿的賣女得四十元而光是為了出風頭就花去了其中一半而且毫無吝色。他身上一旦有了錢，其酷愛風頭的秉性竟大發至無我狀態。若是他人賣女，骨肉分離眼淚不知要流多少呢。

上元節一過後，他身上尚有不少錢，而「咻」一聲便不見其身影了。他不告而別而一天又一天都不見回家，為妻的陽桂以為結髮夫妻大半生了，他的個性懂得有餘的，認為他身上有了錢一定跑去賭博場了，故管他跑出去，當他的錢花光了就會跑回來。

但竟有一個長舌婦問她：「的嫂啊，怎麼的哥好久不見，難道飛黃騰達了？」

「管他吧，他又不是三歲孩子，倦鳥知返。」的嫂答。

「唔，或許他人已在溫柔鄉豪飲作樂，或許橫禍早上天堂不知，你還不關心聞問一下？」長舌婦說。

長舌婦的最後一句話竟令陽桂如夢初醒，以為失蹤那麼多天，杳無音訊有些反常他的尾句最令陽桂惴惴不安，她憶起阿的最喜愛堂妹，堂妹有次染病高燒不退，當病入膏肓時他曾向友人哭訴道：「若堂妹不幸有什麼大事，則我也不想活了。」字裡行間洋溢著無她即無我的骨肉深情。

陽桂以為女兒是他自己賣掉的，大概他當把女兒賣掉後始後悔悲傷想不開吧！她想到此便再也放不下心了。而立即奔走要求鄰居、好友幫忙找尋，有的往鄰村各賭場探問，有一隊人馬往竹林村找尋，正好碰上在東港街大地主隆瑞那裡上班的鄉人謝亦宣。他休假要回家，騎著單車，他見鄉人一大陣便好奇地問：「你們要上哪裡？」

「的哥已失蹤十多天了，我們看他凶多吉少。」他們異口同聲的說。

「不用找了，我們回家吧！」亦宣賣關子地說。

「為什麼？」眾人又異口同聲反問道。

「他不但健在，還很快樂呢，方纔我在東港街看見他帶一位酒女在逛街呢！」亦宣又說。

眾人獲悉後便立即放棄找尋，幾天後他果然健健在在地回到家了，不過顯得垂頭喪氣，身上不再見西裝革履了。

七、三山國王廟

有股客家移民從大陸來台時也隨身移靈三山國王來台，而落腳屏東的九如，後來其子孫又有一股移民到建功發展，他們仍然和其祖先一樣隨身移靈三山國王香火。三山國王在建功甚為靈顯，有求必應，故香火極為鼎盛，香客無日不絡繹於途。

因此當乩童的定堂更忙碌了，他白天在廟裡服務信眾，晚間則跑到大河原看管漁簾〈註一〉。而就在他結的小廬過夜，他看管漁簾單獨睡在河床小廬，幾乎一年中就有七個月，他就是這樣晚間睡在河床小廬，當有魚中計就撿回家做菜，過著安貧樂道淡泊日子，再也無所求。

不料有晚國王爺竟出奇地給予託夢：「定堂呀，你近日不可再去看漁簾睡小廬喔，恐有危險。」

定堂醒過後不禁不屑地大笑：「哈，哈，哈，我不信，豈有此理，我幾乎睡小廬過半世紀了什麼鬼魅都未見過。」但國王爺一連給他三晚同樣的夢。身為乩童的他依然不信。但感到好奇怪，因未曾有過這種情形。「我偏要看看到底什麼回事。」他說。

於是夜晚照常往河床看漁簾，不過他不再睡在小廬裡，而隱身在小廬與漁簾之間的一叢蘆花裡，靜候窺伺動靜，時間一秒一秒地溜過而未見絲毫動靜，令人灰心。他忍耐一等再等，當時鐘返點後的二十夜的月亮，從東方山上開始露面時把整個河床呈現一片光明，正當此時竟出現幾個長影，長影由遠而近，終現出四個壯漢。

他們到了小廬前便分成此邊二人，另一邊二人，然後以長槍一齊往小廬腹部殲進去。但沒聽見裡面一聲哀叫，始發覺裡面並沒人在睡而他們顯得受騙之怒而轉身來看漁簾，想撿魚回家，湊巧此時竟沒條魚中計，漁簾上一條小魚都不見，於是他們怒上加怒而縱身半天高再踩下圖破壞漁簾洩憤。

此景不禁令定堂不寒而慄，他怕若遭發現則必死無疑，於是匍匐前進悄悄脫身跳進大河，讓大河流至下游始安然解危。

他認為那些殺手壯漢最可能為下山獵人頭的原民，其談話聲咕哩咕嚕。

以後的日子裡他仍然白天服務信眾夜晚照常上河床看漁簾。有一天他正在廟裡起乩為信眾辦事，當時正好日人據台不久而一個日警正好手持一條皮鞭巡視到廟前。他見廟裡那麼多信眾，又見乩童此時在辦事裎胸露背。草菅人命的日警以為「日本人的一切都正確而奉為圭皋而台灣人的一切都加以徹底否定。」故一進入便吆喝「馬鹿野郎，妖言惑眾，全都是撒謊。」同時皮鞭猛落在乩童的背板上，乩童遭鞭打後連舉目看一下日警察都沒有便掛乩〈註二〉衝出廟，半跑半跳跑回家，進祖堂然後跳上祖牌前的神桌始退下乩。

定堂從遭警察狠鞭之後至他年老過世再也未曾起過一次乩，廟方也未曾重選新乩童，從此大廟竟演變成冷廟，再也不見人家進廟燒香，這樣的荒廟歲月一共走過三十年。

廟堂荒蕪久了，小時看來這樣，長大時看來也是這樣，難免給人家以為它是天生如此的錯覺，也曾聽人家說，廟堂荒蕪久了常被野神鬼怪所盤踞。不料村裡有個從少就到虎尾製糖會社工作的張啟應，在虎尾住久了而和那邊的人打成一片。他見那邊一坐廟堂香火鼎盛，有求必應而其中一個蔡姓法師更見法術無邊。於是想起故鄉的一直荒蕪幾十年的大廟。

他以為若聘請蔡法師加以整頓，憑其高超的法術相信不久的將來必將大廟昔日的鼎盛風貌重現無疑，自己也可算對故鄉不再繳白卷了。

啟應的回饋，鄉人聞訊雀躍萬丈。蔡法師重整大廟以選乩童為先，選新乩的方法為舉村動員年青的抬神轎遶境，婦幼則進行隨香。

蔡法師的選乩方法仍如傳統，及動員數頂神轎在喧天的鑼鼓聲引導下進行遶境，而讓神明物色新乩，若有幸而選中者便開始起乩。

遶境第一天第二天都毫無動靜，無動靜則繼續遊行第三天則有了動靜了。有七個青年獲選而起乩，連打鼓的阿的也獲選而起乩起來，不過首日起乩的時間全都短暫，選乩的成功已現了端倪，鑼鼓便打得更緊密而繼續遶行。

第四天，獲選的數個準乩僮起乩時間都顯得增長而穩定，乩僮資格可算底定了，於是第五天便舉行過火儀式以顯神威。

萬萬想不到，建功人順利選出新乩而正在歡欣陶醉，但鄰近的石光村一位古姓法師則氣得七竅生煙，他以為近在身邊的法師不聘而跑到遙遠的虎尾聘請，胳臂往外彎，肥水往外流，他想此仇不報誓不為人。

過火儀式當日參觀者人山人海，一大堆柴木早已點燃了，一片熊熊赤焰，蔡法師則在火堆前邊打鼓邊唸驅邪咒。但同時古法師也挾雜在人群中向著火堆那邊悄悄做法以對蔡法師進行破壞活動。

蔡法師一直唸咒，終把烘烈焰漸漸轉弱而呈青色炭堆，此算是時機成熟了。蔡法師一聲令下數頂神轎便前後成列伴著咻咻吶喊衝過火堆，週而復始順利成功，不料數個新乩起乩後再也不會退乩而繼續在搖跳不休。

新乩起乩不退，對法師來說是椿兵家常事，一般法師伸手往其腦頂一撮都能戛然而退乩，這種技巧蔡法師是拿手好戲，他上前一個一個地加以撮頭，果然百發百中，不過一刻鐘他們又復發了。又搖又跳，喃喃自語，這種情形蔡法師從業以來從未見過，他難免緊張起來，他們這次的亂乩則十分難纏。他窮其所有暗藏的法術始把其中四個穩住，其餘的阿的等三個則停後又發，發發停停。他們三人回家後無論吃飯中、洗澡、聊天時……要發就發，有時喃喃自語，有時正顏厲色如在訓示眾神仙似地。總之一個家庭鬧得雞飛狗跳。

蔡法師絞盡腦汁都妄效徒勞無功，於是村裡便噓聲四起：「唔，是個大法師？我看是個大騙子呢？」

蔡發師為就三個新乩而不眠不休，他以為禍由自己惹起，願鞠躬盡猝死而後已。但他們總毫無起色，二來村人對他也顯得不歡迎了，於是只好黯然一鞠躬回虎尾去了。

阿的不但沒絲毫好轉，甚至嚴重到瘋子一樣，時以磚塊權充神劍往自己胸脯猛擊，陽桂不勝其煩，為了照顧阿的弄得筋疲力盡，本一貧如洗的家庭竟飛來橫禍雪上加霜，幾個小孩嗷嗷待哺而沒飯吃。住村尾的松璋見陽桂一家人太可憐而專程造訪想指點陽桂脫困之道。

「的嫂呀，的哥既然一治再治都不愈，我們何不將計就計開座私壇，的哥不是常說他是中壇元帥的附身嗎？那麼我們就供奉中壇元帥而的哥就是祂的乩僮，於是我們就可進行為信眾辦事了。」

眾人多信神入迷，尤其是村中老嫗，他們明明懂得阿的是個胡言亂語的瘋乩，但耳聞阿的為元帥爺附身且開設了一座神壇，於是便紛紛上壇進香請元帥爺指點迷津，甚至蚊腳踢傷……都上壇扶乩請教。

阿的的神壇不料弄假成真，神威顯赫有求必應，不久便傳遍遐邇香火鼎盛起來，阿的精神也漸漸歸於正常，一家的生活也寬裕起來，有茶有酒了，常客漸多家裡熙攘起來了。

有一天有位常客名天慧，當酒甘耳熱後便向阿的提一建議：「的哥呀，我報你一樁發財的好消息，你在鄉下幫人辦事其謝禮不過一毛錢，我們若把元帥爺移靈到東港，那邊多為漁家，十分信神而且都很富有，紅包又大。我幫你估計吧，假使一天幫一百人辦事，謝禮每人一元計算則一天就進帳一百元了。」天慧說。

「好了，好了不要說下去了。」天慧的話未說完便被阿的喝住了。阿的以為天天有謝禮收入，本啼飢號寒的兒女們現在都幸福溫飽過日子，還有什麼需求呢？

「真是忠言逆耳，的哥這個木頭，黃金一大堆不曉把進口袋，還把忠言當作耳邊風……。」天慧埋怨，還氣得搖頭拍桌。

以後天慧逢機便一再向阿的建議，前後足有二十次了，有晚阿的午夜夢迴竟回味起天慧的忠言而猛想：「所謂發財是住洋房，名車代步，身邊美女成群啊……。」他想到此慾火便有如火山爆炸再也按耐不住坐臥不安，在房裡踱來踱去，有時往窗外探望看看天曉了沒有。

註一　漁簾：農業社會當農閒民眾便進行漁獵，建功近河，當入秋後雨水漸歇，河水從上游開始乾涸起來，魚群也隨水往下游撤退，此時，民眾便在下游挖條人工支流築個小瀑布，瀑布下面鋪一塊竹簾，當游過本流的魚群不知有詐而誤進支流便中其陷阱了。

註二　「掛乩」：即依然輕輕地起著乩。

八、東港元帥壇

阿的當天一微光便跑到了天慧家。

「你說的對，昨晚我想過一夜發覺東港才是賺大錢的好地方。」阿的吐心聲。

「我就說吧，你腦筋後知後覺，要知道賺錢機會難逢，若不加捷腳捕捉一閃便不再回頭了。」天慧自得以外還對阿的消遣一陣。

倆於是為建神壇租房而匆匆往東港出發，他們向一位教員租得一座閒置著，而且庭院寬闊的古厝，寬廣安靜正是建壇的好地方。

漁家真是崇尚神明，當神壇開光落成時信眾聞訊趕來神壇進香，其盛況不禁令阿的倆振奮不已。

不料神壇竟為一座空壇，並沒神在，而有求不應，於是信眾不再上壇了，而信眾立即銳減，不過幾天神壇便門可羅雀了。

神明並非尿桶，能任人提上提下給人奴役，尤其絕不為作惡多端自私自利者的幫兇。再也沒香客上門後的阿的倆天天倚門望穿秋水，一月如此，二月亦如此寅吃卯糧。此時輪到阿的建議：「我們溜吧，不然我倆會白白在這裡餓死。」

不料元帥爺移駕回老家後更不再靈驗了。

阿的倆依然倚門望穿秋水，再也不見一人，一月如此，二月如此把以前好景時留下的積蓄一掃而空，天慧也回家吃自己了。

阿的打算收拾收拾改行之際，忽見和尚哥上壇求治。和尚哥家窮，一生病懨懨地一身襤褸，人又直。阿的則饑不擇食想大撈一筆。

和尚哥從小體弱，哮喘宿疾纏身，他在無錢看病，百藥又無效下便異想天開，以為久聞元帥爺高明靈驗有求必應，或許求求爐丹吃便能除病好運而健壯起來。

不料阿的一起乩便大哭一陣，悲傷到鼻涕垂到盈尺始掉落地，令和尚哥莫名其妙而視線隨阿的的動作而上下左右。回頭看看外面有沒來人而想請教，但並不見來人可供請教到底怎麼回事。

但阿的仍然鼻涕流得長長一直在哭。

「元帥爺，到底什麼事這麼悲傷。」和尚哥只好問。

「唉喲，弟子呀，你的陽壽已盡了，我在為你悲傷啊！」阿的淚水縱橫地說。

和尚哥一聽真如雷貫頂而衝上擁抱阿的，倆緊抱痛哭一場，然後他擦擦眼淚問道。

「那麼元帥爺，我將怎麼辦？」和尚哥問。

「只有向冥府買壽年一途了。」阿的說。

「那麼需要多少錢？」和尚哥又問。

「買命五十塊就夠了。」阿的答。

聽到買命需五十塊錢和尚哥哭得更吽吽如牛，他一文錢糶米都沒有了，哪裡找五十塊錢？為了救命他終於鬆了手離開阿的，想回家籌錢買命。

他淚汪汪走經條捷徑，視線都給眼淚遮得朦朧。有幾次路不走，險些走進大圳，他邊走邊哭邊想：「這五十塊天大數目哪裡張羅是好？絕不可能的！」他認為張羅那麼多錢絕不可能的事，但又不願放棄救命。其腦子裡否定與慾望拉鋸著，終於想起村裡的阿源哥。他樂於助人，身邊又多金，以為向他求救一定會伸出援手的。

當時正午剛過，阿源哥習慣午飯後坐在客廳吸幾筒煙然後進房睡午覺的。他吸著吸著忽然見一個人影洶洶闖進來，一進來便跪在他前面一拜再拜地說：「阿源哥，救命！阿源哥，救命！」弄得阿源哥嚇了一跳。定睛一看竟是和尚哥淚汪汪風塵僕僕。

「到底發生了什麼事？真是嚇死人。」阿源哥問。

和尚哥便將方才元帥爺的吩咐說過一遍。

阿源哥獲悉便勃然大怒而心裏毒罵道：「這個阿的誰都可騙，偏偏騙上和尚哥，和尚哥一生病懨懨地既不能幹活賺錢更毫無恒產，一貧如洗……。」阿源哥是過來人，他年青時曾吃過神明飯，懂得以金錢可買得陽壽根本胡說八道，騙些有錢人賺一碗飯吃情尚可原；但是騙上貧病交迫的人家就大大不對了。

心急如焚跪在地上的和尚哥則時時仰首看看阿源哥的反應如何。

「好，五十塊錢借你買命。」阿源哥心裡毒罵阿的一頓後，決定借五十塊給和尚哥買命。」他打算明早就上元帥壇痛罵阿的消消氣。和尚哥借到錢後立即動身趕往元帥壇將買命錢交給阿的。

次日早飯後阿源便動身往元帥壇。阿的則在倚門望客到來，他發現阿源哥出奇地從遠一路朝神壇走來，便心虛料到不妙，來者不善了。於是連忙上前迎迓：「阿源哥早，阿源哥好。」

阿源哥則氣噴噴，既不加答禮也不加寒喧而劈頭就罵：「誰都可騙，偏偏騙上一貧如洗的和尚哥。」

「阿源哥，以後我再也不敢了，錢悉數還給你。」他懂得阿源哥是個過來人且得理不饒人，有錢能否買命他一清二楚，想把買命錢吞下並不容易。

和尚哥和阿源哥同住阿化村而與建功村一水之隔，和尚哥可說一文不名，獨身、住在一間破舊的穿鑿竹屋，那間竹屋住過好幾代人了。因歷代都貧苦無錢修建，其接觸地面的部分都嚴重腐損了，而本是間豎屋竟變成間斜屋了，他必須行最敬禮始能進出。

他從小就害上哮喘，身體稍微活動便氣逆喘個不停。人家一早便快快樂樂荷鋤上田幹活或上農場打工，有的則上各機關辦公……賺錢生活，他則在路邊望人興嘆，埋怨自己前世沒修始落得如此田地。

當寒流來襲時他哮喘得更厲害，痰也更多，而他便不敢走遠而就在庭前馬路邊的一叢避風的野生香蕉樹下撿集一堆廢木具生火取暖，一手持撥火棍撥火，一邊看看人家上工下工經過，他就這樣過著寒冬日子。

有一次強烈寒流來襲，他便依舊在香蕉樹下生火取暖，有時側著頭避煙，一邊以棍撥火。此時正好一個名叫金殿的中年男子經過，金殿身體瘦長虛弱一樣害上哮喘宿疾，不過症狀較輕些。

他見和尚哥瑟縮在避風角落裡形狀焦碎地在生火取暖。同病相憐，他便返身轉入和和尚哥湊在一起取暖。

他倆在一起，金殿便興嘆老天爺不公，人家能夠身體見健康康幹活過日子，他們則痰痰咳咳生火取暖不能做事而尸位素餐。

「我倆就是前世沒修，今生才這麼悽慘，我們進行修持拜拜佛吃個齋修修來生，不會再這麼辛苦吧！」認為前世沒修而勤拜佛，吃長齋的金殿勸告和尚哥。

「好心不用齋！」出乎想像，一個痼疾纏身生死掙扎的病人多會望天望神望佛的，但他卻堅決不信什麼吃齋唸佛。

金殿苦口婆心一勸再勸都不能動搖他的觀念。金殿苦勸不聽後自討沒趣而起身走了。

和尚哥不信佛教卻崇信道教，他一向都服藥治病卻從未求神問卜，當葯石服了過大半生後都毫無改善，於是始懷疑醫葯，而想起或許求求元帥爺看看，於是鬧出這樁詐騙趣事。

打鐵店
102.12.8梅

九、夫妻猝逝

阿的神壇再也沒禮金收入了，當好景時的些積蓄也吃光了，又沒絲毫恆產，為人又毫無信用，真是路貧貧死人。人窮思變，忽然閃過一陣靈感：「或許我們開一家打鐵店。」

他年青時因揮霍無度而受到父親的指責便負氣出走。跑到台南街，物以類聚，他在那邊加入幫派廝混，結了不少金蘭，其中有二三個為打鐵店學徒，當他無飯吃時也和學徒們一起參與敲敲打打混個飯吃，他並無心學些技藝，他雖心不在焉，但耳濡目染竟也有些心得。懂得第一產品要信用，鋼水好功夫精就不怕沒顧客上門。

於是和陽桂清理一間滿佈蜘蛛網的閒房築座小火爐、買口風箱、一具鐵砧……夫妻便敲敲打打起來，第二天他們便有產品賣了。

他打製的鐮刀、菜刀、鋤頭……等工具，輕薄鋒利無比，偶而劈上硬物還不會崩缺，用過者有口皆碑，遠近主婦聞風便紛紛汰舊換新，其鐵店便很快就聲名遠播，一時門庭若市，甚至不少鐵店的潮州街也有人捨近求遠趕來買刀。一家料理店人家叫他為長腳子的老闆，竟成為他的代言人。常向人家介紹道：「再也找不到像阿的打製的菜刀那麼鋒利了，劈大骨也不會崩缺。」他每向人家介紹阿的的菜刀時必舉手作個以刀劈物的手勢。

因此阿的的生意成為顧客搶貨的局面，夫妻為了應付顧客的要求而不眠不休日夜趕工，其鐵店卡嚓卡嚓響個不停。夫妻揮汗辛苦賣刀，而荷包也滿起來了。

逢過年百業休息，他們夫妻也得以喘氣休息。我們漢族的過年是隆重熱鬧的，穿新衣戴新帽嚐佳餚。甚至有著沒賭博就不像個過年的風習。當新年早晨他一踏出家門呼么喝六的賭聲便不停轟進他耳朵，他信步走進昔日他熟悉的一處賭場，賭場是一位寡婦開設的，前面小店後面即賭場，終年都不聲不響地有人在賭天九牌。

阿的舊地重遊，也想看看老同好。當他一進去時，早有幾個人在裡面了，老友彼此相見如魚得水，其中名為胖嫂的老是罵他：「你難道把老友全給忘記了，我們大夥都很懷念你呢！」胖嫂雖為一個婦道人家，但日常都和男性打成一片而在該賭場賭博。

正好他們還三缺一，於是胖嫂便慫恿阿的：「新年新頭，玩一下何妨，新年輕鬆一下，年過再打拼……。」

胖嫂的話有理，以前嗜賭的阿的經不起引誘，於是加入了戰局。阿的老而不知老，視力減退了尚不覺，至於其他的專業賭博眼則銳利如鷹，且善於敲詐。阿的一上場便一直下沉，終把身上所帶的給輸得一乾二淨。

阿的賭性天下少見，贏錢則尚能安靜，一但輸錢則如風如狂，非把對方斬盡殺絕以報仇雪恥死不休，當他身上的錢輸了便奔回家搬錢，再輸了再回家搬錢。一天跑數回，為了復仇幾乎整夜不眠不休，年初二再戰，一直到彈盡援絕，如瘋了般。

阿的經幾個月血汗苦勞所得的積蓄於過年二天便輸得精光，連吃飯錢都沒有了遑論買鐵買石炭的錢，兒女嗷嗷待哺啼飢號寒。但他依恃尚有二個女兒可賣，正逢竹林村一個富豪人家需個婢僕而四處探問，於是他便將寶妹以五十元賣掉了。接著他的丁潭村的一位遠親阿城因妻子老是生男而羨慕養個女兒，於是又將五女來妹賣給了他。

接連賣了二個女兒，阿的又有錢了於是和陽桂商量道：「我們過去常受人家的幫忙，禮尚往來，現在我們有錢了也該報答人家。」

他有晚便辦好幾張桌請客，阿的謂「應酬請客」其實其客人中並沒有一個是故舊而全是地方上有名望的人。他有了錢又把過往的恩人給全忘了，他以為巴結權貴便身價十倍了。

陽桂懂得客人多喜吃麻油鷄，故她烹了一大釜麻油鷄，而客人吃到了贊賞不絕。當桌面上的吃光了便再舀，一舀再舀。當蓆散後還剩下不少，陽桂既嗜愛麻油鷄又怕隔餐了會太失原味，故她一吃再吃卻忘了自己害有重度高血壓。

她酒量好，吃過不少酒還工作自如，還把餐具等清洗、收拾到玲玲琍琍。當她鬆了一口氣在院子裡休息，不過片刻便如打盹般從椅子一頭栽下，便再也不起而與世長辭了。

妻子過世了，想繼續打鐵已沒有一個助手而且年事已高，他只好跑賭場混日子。他有錢則賭，無錢則在賭場打雜，他對各個賭場都熟如自家廚房。

當時正是昭和初年間，日本的盛世太平時代，受殖民統治的台灣也沾其光，店舖裡百貨應有盡有琳瑯滿目價廉物美，民眾生活也安樂。因此盛大的迎神廟會不斷，迎神廟會也是賭場生財的機會。嗜於此道者必上賭場試試手氣。

阿的當東莊迎神就跑東莊，西莊廟會就跑西莊，他就這樣混混過日子。他常一出門便一連好幾天沒回家，有時則半夜始回家。

丁長已十二歲了，為父的阿的當要出遠門時，有錢則給些錢而吩咐道：「米甕裡有米，你自己煮，洗澡水自己燒，爸沒一定何時回家……。」

丁長自己煮飯，菜則不會煮，當飯好後便黑糖攪上水沖上白飯便唏哩呼嚕一肚飽了。若是無米又沒錢時他便晝伏夜出，到削甘蔗賣的小攤撿拾人家剔除棄掉的頭尾一大包搬回家，在暗角慢慢啃嚼充飢。他衣衫襤褸沒洗澡，有時則僅穿大人的上衣便不用再穿褲子了。

「南岸做戲搭掛紙〈註一〉」這是鄉間耳熟能詳的語句——南岸村土地肥沃水源充足，民眾生活富裕安樂，他們每當暮春的掃墓節傳統上都連演好幾天的外台戲，其元帥壇前的廣場更是人潮洶湧。

阿的當然不會缺席，他在賭場一連打雜好幾天。慶典結束而賭場贏了一大堆鈔票，賭場主人兼作莊的改齡便設盛宴慶祝以酬謝工作人員。阿的痛飲一場，一直到醉醺醺，當蓆散時已半夜返點了，想睡在賭場又嫌人雜太吵於是歸心似箭匆匆踏上了歸途。

南岸與建功不過一河之隔，夜深了，路上並不見一人，阿的踉踉蹌蹌走到途中的一條河床便覺尿急而在路邊草叢撒起尿，一泡尿尚未撒完便支持不住一頭栽進草叢中。他已爛醉如泥，一栽下便爬都未曾爬一下，一直僵直地躺著，而路上又沒一個人經過。

當夜天氣也十分出奇，本是不見雲霓的旱季卻半夜上雲，下起傾盆大雨不停，一直到天曉，他就任大雨淋洗了好幾個小時，當天曉給行人發現時他已奄奄一息了，鄰居的順興等幫忙抬回家急救妄效。

註一、掛紙：客家人稱掃墓節為「掛紙」

十八

丁長當起牧童

十、丁長當起牧童

父母都去世後丁長孤苦伶仃，時常窩在家裡深處，房屋又年久失修，一但下雨便上漏下濕而他只好鑽進不漏雨的小角落。鄰居見他可憐便時常送食物接濟，當接濟不繼時他便挨餓或半夜悄悄往人家的甘蔗攤撿些碎頭碎尾充飢。

其住宅附近是孔家兄弟的曬穀場，兄一座弟一座而二座緊接一起，於是埕面加倍大了。它平坦寬廣清潔，再也找不到更好的遊戲場所了，而且又座落在村腰而附近又有路燈，故舉村的兒童，少年少女都跑到這裡玩，甚至大人也到這裡聊天。

當午後學校下課後時間便聚集一大群兒童在打球等嬉戲玩耍歡聲四起。當晚飯後的休息時間，聚集更多少年男女在玩耍，男性多玩傳統的「包坤」遊戲，女性則多玩傳統的「羊子咩咩」和「斬番薯科」當月夜則玩得渾然忘我到午夜，父母跑來趕時始回家。

丁長深藏家裡深處聽見外面歡聲四起而忍不住想出來看看，也想分享遊戲的樂趣。但又怕人家笑貧或者欺負而縮回。

有一天再也忍不住了，於是縮頭縮腦靠著牆壁走一步停一步想一下，一臉害羞，終也把身體給移近到曬埕附近，正好很快就被孩子王六年級的松珍發現：「來，小猴子，我們尚缺一人。」丁長立即被拖進去參與了遊戲。

從此以後丁長每當學童下課時間後便與學童一起遊戲，日子一多他便與松珍等一大群學童打成一片成為好友。

有一天丁長竟沒有出現，松珍等玩伴缺了一隻手似地十分不慣，於是都跑到其屋外猛喊：「丁長，丁長……」都沒有回應，松珍便招其他兒童道：「我們進去看看。」

他們進屋內邊找邊喊都沒見到人，當找到一處最深角落始發現丁長躲在有如老鼠洞般的角落裡噤不作聲，松珍立即把他拖出來問：「你為什麼躲著不出來？」

「我已好幾天沒吃過飯了。」他啜淚答道。

玩伴們聽到他好幾天沒吃過飯了，便不禁愁容滿臉不知所措替他難過而圍攏在他四周默默無語。

「來，我帶你去看看。」松珍憂思過後好幾分鐘，始想到村裡的首富精永叔或許要雇個牧童。當他倆要前往要問問精永叔時那些好奇的玩伴也都跟著一起去。好大的陣容浩浩盪盪，有些還帶著弟妹一起去呢。

精永忽然見一陣兒童一直往自己家門跑來不禁莫名其妙。

「永叔，他已連續幾天沒吃飯了，請問叔叔是否雇個牧童。」松珍問。

「已好幾天沒吃過飯了？」精永一陣驚訝，他認為給他先止飢再說。於是命裡面的水蓮準備一大碗公飯端來給他吃，飯碗裡有飯、有菜、有湯而丁長便在玩伴眾目睽睽下坐著單椅唏哩呼嚕地吃完一大碗公飯。

精永為村裡的首富，有不少良田放租，自家也種不少田，也經營其他多種大事業，家裡日常都有數個婢僕，縱然加上一二個婢僕依然有工作做，以工代賑。丁長便被留下當起牧童。

起初丁長隨前任牧童見習放牛，幾天後便執起牧鞭真正擔負起放牛工作。村裡幾乎家戶都養牛，有的一頭，有的二三頭，甚至數頭亦有。許多兒童甚至沒有入學讀書，就放起牛當牧童的。

每當早飯後牧童便把牛趕到村莊北方一里遙的一大片河床草原放牧，草原真是個牧童的樂園，終年清流潺潺，深潭裡黑壓壓的鯉魚成群不怕人，遍地野花，野果終年都有成熟，藍空裡總是成群的雲雀狂熱地唱得令人神往。

牧童們到了草原便進行各種有趣的活動，俗云：「掌馬有騎，掌牛有聊，掌羊跪爛膝頭皮。」他們分工，有的看牛，有的便跑到樹林裡採野果回來大夥品嚐。炕窯為他們最常做的樂事。野果吃過，地瓜吃過，接著又是老大壬祥講故事節目，放牛實在沒片刻冷場，大夥都樂得忘我。丁長趣味盎然，連夢中都盼望快點天曉而幹快樂的放牛生涯。

丁長進精永家而最高興的還是水蓮，她本是父母掌上明珠，嬌生慣養，無奈父親事業失敗破產，債務纏身債主喊刺喊割。只好揮淚將掌上明珠押在精永家當婢女。水蓮在其婢僕中年齡最少而沒有同齡的伙伴談聊，故年紀相近的丁長進去竟喜出望外樂不可支。

她每當晚餐的忙碌過後，便拉起丁長的手一處再一處介紹她喜愛的曇花、茉莉花、槴子花，一邊滔滔不絕地說明那顆曇花昨夜開幾朵，前夜又開幾朵……如數家珍。她的小小心靈裡以為那幾顆花是世界上最美的。

看過花後她調二把靠椅二人排排坐觀賞著浩瀚蒼穹。她仍喋喋不休地向丁長介紹那是七姑星，那是天河，那是扁擔星……。乃母很有才氣，她從小便常聽母親講的星星、月亮等故事。水蓮滔滔不絕，丁長則總是害羞地陪笑。

有夜浩月當空，月明星稀，月亮裡面的一疤薑形黑影更為明顯，於是水蓮便告訴丁長道：「那黑影便是張果老在倒大樹，祂砍著砍著祂的菸癮發作了，祂便休息吸菸，當它的菸癮一過大樹的傷口早又愈合回去了，故祂砍過好幾萬年還未把它砍倒。」

有一夜丁長忽見水蓮坐在花園石板上悲傷地又哭又罵：「你這個魔女我要看你能惡到幾時，我若被你打死我做鬼也要把你掐死呢！」她對那魔女之痛恨實難以言詞形容。

她所稱的魔女是位年資較深的婢女，名昌蓉，她從小就賣到精永家，為不折不扣的苦命女，但她毫無覺悟，待人處世還極端嫌貧愛富，倚強欺弱。她見水蓮家裡破產一無所有，水蓮又年小可欺，當在廚房工作時水蓮做此，她以為不對，做那她也以為不對，不對就以拳敲其頭，當彼此偶而走路相會也對水蓮怒目相加，甚至也出拳敲其頭。

當夜是被她認為不對而以空前的狠拳敲其頭好幾下，水蓮始再也忍不住哭罵的。丁長獲悉後不禁想起死去的父母，以為人家都有機會入學唸書，自己卻當起童僕，也是個苦命人，於是也哽咽流起二條長長的眼淚。水蓮見他流下同情之淚而以為人生得知己，不禁立即轉悲為喜，收起眼淚轉而安慰丁長道：「長哥不要難過，我倆長大後來結婚吧，結婚打拼賺錢而向那魔女報仇。」水蓮這小小丫頭竟懂得什麼叫結婚。

無知的丁長則幾乎完全不懂什麼叫做結婚而一直哭。

從大草原遙望北方為一片蒼鬱的森林地帶，丁長他們在放牛時森林在過去的那邊常傳來「嘟、嘟」火車的汽笛聲和「鏗、鏗」走動聲，有時還有黑煙冒起，那是什麼世界？舉頭可見一片不盡的藍天，來到這個地球世界還算不久的丁長不懂那邊是什麼地方，還以為那邊是世外桃源呢。

丁長所放的為二頭牯牛和一頭母牛，母牛為牛販從中部購得而轉賣過來的，牠在中部已生有一子，母子分離十分悲傷，牠常在放牧時間不吃草而一直舉頭往北方遙望流淚，當人家一時不注意便想往北方跑。故丁長把牠時時繫條牛繩，就這樣祂縱然逃跑也跑不快，也容易抓住。

有一朝牧童們正圍坐聽壬祥說故事，丁長一時疏忽，當他忽然想起母牛時，牠已往北方跑得好遠了，他連忙想追回，但牠見人追來竟愈跑愈快，愈跑愈遠終跑進森林裡了。

牠進入森林後仍沿一條小徑繼續往北跑，終於穿過了森林，到了一片開闊無際的田野，也就是丁長從草原遙望可見火車煙冲起而以為是世外的森林另一邊。到了這個他完全生疏的世界他更為緊張，以為再也抓不回這頭母牛了。

不料母牛跑到唯有的獨戶田舍人家前不見其屋前圍著一道鐵線網籬笆而撞個正著，即時整道籬笆擺動一陣而驚動了一群猛犬而一齊向母牛進行攻擊，母牛則揮角自衛。但顧得前來後面又在咬腳，他的頭返來返去抵抗仍無法驅走狗群，想一走了之，狗群又一齊從後追擊猛咬。

正當此而一個少女聞聲出來而喝住了狗群，而撿起牛繩交給了丁長，丁長以最敬禮一再感謝。年幼無知的丁長單獨追牛進入荒山野地足足跑過五公里路。

歸途丁長一再慶幸，也一再感謝那個少女搭救之恩，也想不出如何來報恩，也想著荒山野地怎有獨戶人家居住，她又是誰，那少女是否是天人……，他一路想得神往。

當牧童們見他牽著牛回來不禁齊聲歡呼。

「牛跑到哪裡去？」牧童們異口同聲。

「牛跑到那森林過去的那一邊，一大片田野，只見一戶田舍人家，我也不知那是什麼地方。」丁長答道。

「壬祥哥，森林過去的那邊是什麼地方，那戶田舍人家是誰？」丁長問年長的壬祥。

「喔，那邊多為會社甘蔗田，那田舍家為蘇阿龍的——阿龍伯你看過沒有？他每三五天就會駝著背包到村裡辦貨。阿龍伯的獨子蘇阿郎沒有生育而收養一個兒子蘇玉珍，他收養一個兒子同時收養一個童養媳。」壬祥告訴他道。

「喔，原來搭救我的那個少女是蘇家的童養媳。」丁長恍然大悟。

「傳說中的『阿拉魯』就是阿龍伯的岳母——你聽過『阿拉魯』的故事沒有？如果沒有聽過我就說給你聽。」壬祥說。

十一、阿啦魯

阿化村有個名叫天雲的少年，他三個兄弟而他排行最小，有一日因小事而和老二天生打架，不慎把老二打傷，而他怕父母打罵於是離家出走。他一天不回，一月不回甚至一年二年也不回家。村人都以為凶多吉少，以為或許誤入山地遭原民把頭顱砍去浸酒都不知，都認為他可能不在人世了。

兒子雖頑皮，但骨肉總是難捨，故乃母每日無不以淚洗面盼兒子早歸。天雲真不出村人所料偏向會砍人頭浸酒的虎山行。

他首先大桶酒到原、漢物易物的市集邀原民喝酒打交道結朋友，進而幫原民砍柴，種粟和原民一起狩獵。

他的志趣、嗜好、體質、耐力完全和原民一樣。他餐風露宿、酗酒，當爛醉時倒地就睡，而遭露打雨淋，當天明酒醒精神體力完全恢復後從未傷風或者傷寒過。日子稍久他的膚色、髮型、衣裳甚至口音都原民化了，他也早把故鄉的父母都給完全忘記了。

他從淺山的普峻樂由打獵而認識結交漸漸進入望嘉力、坤拿腦等諸部落而在進一步到平地人談虎色變的玻璃社。那邊的族人驃悍無比，婦女們全都黥面。

他進玻璃社後常和獵友身帶乾糧侵入深山一連一月半月，當獵有所獲則舉村在廣場喝酒跳舞弦歌達旦，樂得歲月都忘記了。

他在玻璃社待最久，甚至舉村的孩子都認識他，見他狩獵回社都成群跟著他，有如見到故人一般，口唸天雲的綽號:「鹿肉、鹿肉回來了。」有的甚至奔走相告。

他和社人彼此都很友善，但最要好的還是一位長輩巴里，因他老實，熱情和藹，天雲時常登門請教或聊天。他有二個女兒，啦魯和啦娜，長相都不錯。社裡有童婚的傳統習俗，將女兒孩童時就許給人家訂了終身。

當啦魯懂事時發現未婚夫醜到難以言喻，其品行也不像個常人，啦魯一見不禁退避三舍怕得要命。啦魯不理他而他時時亮起白刃，他的野獸模樣更令啦魯死心。於是她開始苦思脫身的方法而且她很快就想出對象，就是常客天雲。他成一位美女的標靶了還無所覺，還頭臥臥地。

當天雲又登門造訪，又見身邊無人，啦魯便立即上前和天雲緊緊坐在一起，也把他的手攀得緊緊而要求天雲道：「雲哥，我跟你一起回平地住如何？」啦魯火急地要求道。

「喔，不行，你該好好對待未婚夫……。」以前未見對天雲絲毫情意的啦魯忽然向天雲示愛，招他私奔，天雲有如晴天霹靂但他一向都抱持終身不娶，也認為原民姑娘在平地住不慣，日後一定落跑，故他早胸有成竹，終身不娶，縱然想娶親也不娶山地姑娘。

但，啦魯大哭道：「若不救我，則必死刀下無疑。」這句話令天雲回心轉意以為救人要緊而根本沒有顧及婚姻。當晚深夜倆便沿一條大河河畔逃回平地老家。

倆人回老家後夫妻便利用先母在世時做小生意遺下的炊具……做起賣杏仁茶、糖果等小生意。

啦魯則半年十月便回娘家看父母一次，她單獨穿山越嶺，經過鴉雀無聲的深山，也進入猿聲猴叫的地帶，她在娘家住上半月十日又回夫家，而一向都安然無事。

但夜路走多了必見鬼，有次走到深山竟碰上好幾百隻正在覓食的猴群。牠們見她孤單可欺，而且又是一個弱女子，竟攔住她的去路。其中的長者做個手勢而猴群一齊擁上以藤蔓將她的雙手綁住，然後前拖後推想帶回洞將她送給大王當妻妾。群猴向迎親一般樂得咕咕叫。

她終於被帶到深山一處峭壁一口石洞，洞前一泓清水，上面一道瀑布。石洞口不大，但裡面則深似海而擺設的石板和木具則宛如宮殿。王就是王，猴王的身軀比平常的猴子身軀大好幾倍，牠宛如人類的一個壯漢。

猴王大喜，對這個新娘子都親手慇勤款待，洞裡時常都備有無數的山珍，如各種蟲類，魚類和許多不知名的野果。猴群將新娘子交給猴王後一哄而散再跑向更深山要尋找更多山珍和野果回來款待新王后。

啦魯就這樣在深山裡當起王后享盡榮華富貴。唯一遺恨的是時時囿在洞裡不見天日而心裡掛念老家的父母和平地的丈夫。雖然享盡榮華富貴，但無刻不想落跑。

有天啦魯的願望終於盼到了，有日她發現猴王十分疲態，老是在打盹而猴群又都覓食去了，於是躡手躡腳走到洞口看看。發現洞口二隻猴衛兵也在睡覺，她便乘機跑出洞口沿一條大河的沖積岸跑出山。

她在洞裡已成了一個野人——沒一塊布蔽體，當逃到安全地帶時始採幾張香蕉葉裹身。當她回到阿化村時已下午時分了。人家早以為她大概回娘家中途被黑熊吃掉了，失而復得有如天方夜譚，村人不禁奔走相告，不一會擁來大群人潮而且向她問問歷險經過，她則有問必答。

天雲失去內助生意也沒做了此時始感到人在福中不之福，啦魯在家時代勞了許多工作，給自己有個喘息機會，有不少事必須二人合作始能做好，故不得不收攤。

啦魯的失而復得當然天雲最高興，夫妻談不盡關於遭猴群擄進山洞的往事。啦魯短暫休息後又開始做起杏仁茶，賣糖果生意營生，不久發現啦魯有孕了，天雲喜出望外而對啦魯照顧無微不至。

啦魯的肚皮日益碩大，天雲盼望能健康順利生產，生個健壯的嬰孩，故時常請教大夫處方進補，還請相師看相卜卦，還求神扶乩，想預知胎兒是男孩還是女。他還認為生男生女他都很高興，求神明問卜不過是樂得激動而起的。

當臨月時他還請教命師產前準備之道，命師還授他生產時防白虎侵犯之道。當一開始陣痛時便立即請村裡的傳統產婆看診接生這個傳統產婆戊伯母是個接生世家。擅長推生接生，經她診斷後證實臨盆了，她幫啦魯進行推拿推生後料到：「嬰孩是個男性。」然後她就點支香煙邊吸邊等候。

鄰居幫手大夥屏息等不久，發現胎兒將出世了，但見動也不動，接著則發現胎兒半身全是黑色長毛，胎兒出娘胎半身後便一骨腦落地始發現是個猴胎且是個雙胞死胎，產婆和其他幫手都大驚失色，天雲則空歡喜一場。

十二、香蕉黃金時代

由現代科學猛進之賜，船隻愈造愈大，航程愈遠，速度愈快，它把世界縮小了。台灣青果運到日本已不是夢了，台灣南部天氣暖和雨水充足真是香蕉的適地適種的好地方。

日本鑒於日本市場的需要，開始推廣種植香蕉。村人的田地自先民開田闢地而至現代都一直種稻生產糧食只求溫飽，對於水田改種水果連作夢都未曾想過，且心裡忤逆非常而怯於嚐試。但也有人不怕死的，他們聽過推廣員解說過便閉眼猛種而竟將台灣南部成為香蕉王國。

精永則有所顧慮，以為日本侵略中國的野心已箭在弦上，其身邊的中國還有不少昏官為私利或慾望在鷸蚌相爭，此正好成為日本人的大餐。日本人一旦動手其他列強便顧慮他們成為日本下次的侵略目標，於是必急著遏阻，於是大戰便爆發無疑。

大戰爆發船隻也難以暢通於是香蕉便貨棄於地了，他雖有顧慮，但也應景應景，但他雖應景應景，不過他田地多，依然還是個大戶，於是吩咐丁長道:「你年齡不小了，算是個成人了，現在家裡種得不少香蕉你就改做管理香蕉和帶人工的工頭吧！」丁長從此便進入成年時代。泰福、精永父子同心，對時局的看法也一致，但世事難以預料；時局並沒有大變，香蕉事業倒如日中天，家家戶戶大賺錢，村裡也可見大興土木把古老的土埆厝翻拆改建新瓦房，甚至也出現洋房，城市上的酒樓正因香蕉事業旺盛而雨後春筍，有人甚至買汽車或摩托車以車代步……。可見民眾生活日益改善了。

有日丁長向主人建議道:「這麼多田地何不把它全部種上香蕉，而賺得更多錢，人家在笑你有錢不曉賺呢……。」丁長因在外常聽到人家取笑主人多次了而始忍不住向主人建議。

「我們不是年年都賣香蕉在賺錢嗎？算了，錢再多不能滿足的。」精永沒向丁長詮釋他的看法，以為丁長涉世尚淺。

精永父子同樣看法堅持雞蛋不可放在同一藍子上而一直保持中庸之道，不像其他人家毫無顧忌地瘋狂猛種香蕉。但因精永的土地闊，光種其中一部份其數量依然村裡的第一大戶。

丁長棄放牛而改做帶工管理香蕉的工作後最先結交的好友為彼此年齡上下的青年秀中，他家境不錯，國校唸書一向名列前茅，本質都是不折不扣的書生，但他也是一位身材好，長相斯文姣好的俊男，每到一個地方都獲得美女們青睞，有一天為好奇所驅使而和一群姑娘們一起打工，因此認識了一位做工娘丹鳳。彼此倆便種下愛情種籽，情意繾綣，因此書也唸不下去了，於是天天和丹鳳等一群姑娘一起打工。

由於秀中、丹鳳等一群工人日常都幫忙丁長管理香蕉園而日久成為好朋友。丁長、秀中更成為兄弟般莫逆之交。農村生活日出而作日入而息，晚飯後睡眠前正是村人休息聊天的時間，他們大都集中丹鳳家裡玩玩和聊天。

丹鳳的母親尫姑善做生意，她家裡架設一盞電燈，她就利用這盞電燈而在屋前大簷下設攤賣些糖果、水果、燉燉飯乾、削削甘蔗……。不少民眾都是常客，當晚飯後就跑到那裡買買飯乾邊品嘗邊聊天。丁長和丹鳳、秀中的一群姑娘打工伙伴當然是常客。此為新興的經濟作物帶來許多工作機會而工人生活過得愉快的新景象。

香蕉的全盛期也帶來人際交流更頻繁，有北部的外地人為了謀生賺錢千里迢迢跑到村裡租一大片土地種起香蕉。因其部分土地與精永比鄰而成為鄰耕，能結為鄰耕也是前世的緣份而彼此便親密如鄰居。有個林姓園主在田裡蓋起農舍且雇一個僕人在看守，這個中年的僕人名太平。他真是死膽，他獨處荒山野地一座農舍而泰然自若，在無電燈的黑暗世界的夜晚獨自喝酒唱歌自娛。

太平日常都執一把關公刀似地的大刀在巡視香蕉園，當發現倒下的香蕉樹便加以斬碎。晚間休息時間則風雨無阻，他無點燈也無隔日地跑過兩里田野路而到精永家和乃父泰福聊天，邊聊邊喝茶吸煙直到半夜返點始動身回淒涼的農舍。

太平沒有家室，他以雇主為家，他也抱定將來在雇主家終老。他獨居山野，當大熱天則常有行人向他要水喝。在其農舍前他眾一棵大楛楝樹，常有附近種地農人在樹下和他喝茶聊天。

建功鄰近的沙崙村也來了一位外地人為創業種起香蕉，據說他是從高雄街來的，他斷了一隻腿的肢障而戴上義肢，走起路來總有機器樣，但個性則人頭顱牛心肝。他來到沙崙便一下子買上十甲土地種起香蕉，他勤奮無比，躬身下田默默耕耘與世無爭，每當早飯剛過的早晨便見他駕起載滿肥料的牛車往田裡跑。這種畫面已司空見慣，有些粗魯的人見景便說：「壞腳子又要出發了！」

精永也曾當起出貨場場長，當場長是很忙碌的，時常都奔走聯絡包裝工人，整理滿倉庫的包裝材料，供工人茶水，甚至連發放蕉款都由場長發放。發放蕉款之日舉家都忙碌一整天。

當場長也常到溪州辦事處開會，開會時四方各地的場長都到場參與，人多熱鬧，開會的次數並不規定一年開幾次，有時三月或四月一次，當出貨期則常開臨時會。精永當起場長而到溪州開會不過二次，當赴第三次開會時忽然有一個毛頭伙子親近他，向他致意並奉茶……狀甚慇勤。精永受寵若驚，莫名其妙地接受其盛意。

這個毛頭少年也是一位場長，也是參加開會的。他在開會的云云眾生中發現精永這個素昧生平的長者直覺上一副忠厚的相貌，顯得和藹可親因而盼望和他結成朋友，也自認為自己年少涉世未深殷切有個知心的導師。

精永一向待人一視同仁，雖是村裡的一位首富卻不少赤腳朋友，該少年的舉止熱情友善，是否真心還是短暫，但此景卻早把他喜不自勝地以為獲得一位好友，於是不禁問起：「少年呀，家住哪裡，尊姓大名？」精永問他。

「家住阿榜村，小名林福請多多指教，敬請大駕光臨小地方不勝歡迎。」

「阿榜村，阿榜村耳孰能詳，但從未見過其風采和民情風俗，傳說該村極為貧窮，當雨季則到處泥濘衛生不佳。」精永回憶一陣後說。「很好，有空我就造訪看看貴地名山勝水，吸吸貴村靈氣。」當農閒期的某一天正逢假日他便舉家和一群家裡的學童造訪林福。他一進村便見阿榜村完全出乎傳說中的貧窮髒亂景象。村裡已有道路了，已不見到處泥濘，且正在大興土木，林福的宅院也很深大而處處花木，這些香蕉事業帶來的繁榮景象躍然眼前，給他大開眼界。

精永的造訪，林福一家人都熱烈歡迎，喜出望外。精永發現乃母纔是女中英雄，她見香蕉有前途便猛種香蕉並猛向信用組合借款買香蕉青，經幾年好景她便賺足了錢。相對地林父是個憨直篤實人，不問家事和世態只好天天擔任看牛工作。

香蕉的大戶當然優先當場長而她便以尚是一個毛頭的兒子當場長，意在讓兒子進社會學習學習，不過她時常叮嚀兒子放大眼光多交益友。小小年紀的林福也具慧眼結交上精永這個益友。

精永對香蕉事業將來的看法也精準，他認為目前香蕉事業雖如日中天卻難以持久。因為日本侵華戰爭已箭在弦上，故他一直都採用中庸之道——適可而止不瘋狂全面種香蕉，香蕉的黃金時期不過數年而居然七七事變爆發了引起人心惶惶。

十三、七七事變

少年的謝亦廣真是個奇人，他是個日本迷，極端嚮往日本的生活，也希望去日本居住，更希望討個日本婆為妻。他的迷日行為已達到走火入魔境界，他一向都身穿日本袈裟腳穿天狗屐，儼然是個日本青年。晚間則跑到村郊少人來往的馬路上單獨在徘徊唱日本歌一直到夜闌人靜。

人際方面他顯得更怪異，他對一般人都毫無興趣，惟對鄰居的兒童金日、疼如心肝，他每日早飯過後便買一包糖果送給金日，並帶金日到自己家玩一整天，金日則動身前往時也必順便帶五歲的弟弟金月一起前往。在經過百多米長的路程途中居住的國勇看見了也必隨著一起去，於是亦廣便天天當起三個孩子的孩子王了。

他的臥房亦即是書房，陳設佈置不俗，許多小說以外還不少繪本，更有一台幻燈機，他就時常放幻燈片娛樂這些兒童，其後院又種著一棵罕見巨大的土種木瓜樹，他長有不少側枝，側枝的果實雖不大，但天天都有成熟，也有一塊空地供遊戲而令孩子們玩到樂而忘返。

亦廣的小孩王國天天快樂地過，不料七七事變爆發揭開了中日戰爭序幕，亦廣喜出望外他早有日本每戰必勝的想法。故以為將來領地擴大後便有到該地當官的機會了。

不出乎亦廣的所料，當一開戰南京、北京、上海、廣州、海南……便相繼陷落。而每陷一城日人便瘋狂慶祝，進行大遊行，壯丁團、男女青年團、各級學校學生、各機關團體都要參加，人手一支太陽旗而一入村便唱起陸軍軍歌。民眾則像接神一般擺起張桌，桌上則一二桶茶水或冰水，讓參與遊行的人員解渴。

其中還是亦廣的一張桌最為氣派，他的桌擺上二個大盆，每一口盆都豎立著內有飾花的大冰塊晶瑩剔透，下面盆中則滲進赤糖，真是清涼可口。日人侵台不過四十年，民眾竟把自己身世忘記到一乾二淨，有奶便是娘。

果然不出亦廣所料，日本所佔領地擴大了，而開始招募軍夫，亦廣當然一馬當先，他的體格、年齡、學歷完全合乎軍方條件，他順利錄取了，且很快就接到報到令。

他接到報到令後將離開心愛的弟弟金日，不禁離情依依，於是叮嚀金日道：「哥哥不能一輩子和你在一起到你長大，我近日動身要到大陸當軍伕去了。我走後你和弟弟玩，好好照顧弟弟，而明年你就要入學了，你更要好好讀書將來成為一個偉人……。」

六歲的金日對世態完全生疏，哥哥的叮嚀雖然句句都加以唯唯諾諾。其實什麼當軍伕、大陸在哪裡……都不知什麼一回事，以為哥哥早上出發日入就會回家。

出發當日大早亦廣揹起背包還登門再看看金日一面，並一再叮嚀道：「哥哥一到大陸便馬上寄信給你，我也很快就回鄉看你，你更要好好唸書將來成為一個偉大的人。」

亦廣離鄉後金日、國勇、金月少了一個孩子王，雖然三人還天天一起玩，但興味大減了，金日在玩耍時常唸起：「哥哥怎麼還沒寫信回家，他說一到大陸就立即寫信的。」但一日又一日，一月再一月都音訊杳然，有如石沉大海。

次年金日滿七歲而入學了，初入學只唸上午而下午三人還有機會一起玩。但下學期則下午有二節課了，三人想一起玩須一等再等。有一次國勇等到心急了，時而抱怨道：「唉喲，怎麼現在還未回來。」倆一再等依然未見金日下課回來。再一等再等仍不見金日回來於是國勇招金月道：「我們到半路看看。」

於是倆連袂走到上學校的鄉道半路上，放眼並不見一個下課的學生，國勇又抱怨道：「哎喲，怎麼還沒回來。」

「打架草，打架草。」金月發現路邊長著一種俗稱打架草的野草而喜出望外。這種野草學名有骨梢，其花有如湯圓，花柄長約二寸，二個小孩各擷一朵而扣在一起兩人同時一拉，斷頭的一方就是輸，不斷頭者勝。倆玩得忘我，不一會國勇又想起金日而又:「哎喲，怎麼還沒回來，我們再去看看。」

倆人又再走，當走到距學校約五百公尺的直線道可看透整段路上並未見一個下課的學生，也不見整個校園裡有個學生在活動，大概都在上課中吧，國勇又不禁埋怨道:「哎喲，怎麼還沒有下課。」

既然路上並沒見到一個下課的學生，又可見學生們都在上課中，倆以為跑到學校也沒用於是就地等候，此時金月又發現路邊一泓池水，不玩就難過日的童心便各拾一枝竹枝撥弄池水，當水一動躲在池邊的水蛭以為有東西吃了而紛紛跑出來。水蛭會吸人血的，他倆都恨死了，倆便以竹枝撥起牠們而穿梭帶到道路中心讓他們晒水蛭乾。

倆穿梭弄水蛭至道路中心有一陣後忽然又再想起金日，國勇又埋怨道:「哎喲，怎麼還沒下課。」他們倆都等到不耐煩了，這下子決心跑到學校看看了。他倆不過走過幾步腳時便碰上一個巡田的農夫。

「你們要去哪裡呀！」農夫問。「我們去學校找哥哥。」國勇答道。

「去吧！校長的二個兒子見孩子進學校就會縱其狼犬咬人，你們趕緊去吧！」農夫警告。

金月最怕惡犬，因他弱小無力抵抗，尤其是狼犬。尤其日本人之犬，日本人之狗咬人，主人不會阻止，遭攻擊者只有任其咬的份了。

校長先生有二個兒子還在中學低年級，兄弟養了一隻軍用狼犬，為了好玩每當見小孩想進學校玩都縱狗咬人為樂。

這位新埤公學校的校長名北條一角〈註一〉為一位軍官退伍的軍人，他體格魁梧，一臉霸氣。他每一大早就穿起戎裝，佩起軍刀從新埤跑到十里外的潮州街始折返且風雨無阻。

亦廣一去真如石沉大海，一年又一年都沒訊息，金日望穿秋水都一場空。政府方面不但沒發放一文慰問金，連一紙聯絡家族都沒有，總之亦廣就在這個世界蒸發消失了。

乃兄亦宣更不敢向政府機關探問，在苛政的威勢下他怕一問便誣指刺探軍情，將有活活打死的可能。總之亦廣在世上消失政府不當一回事，其家人和金日之父母無限悲傷，時時懷念。

為了知道胞弟的生死，為兄的亦宣奔波四方扶乩問卜。但神明都表示亦廣早已不在人世。亦廣唯一疼愛的妹妹玲嬌則時常得胞兄現身託夢。他哭著說：「哥死得很冤枉喔！我到大陸便立即被派進入淪陷區混進人群的祕探，我進淪陷區的群眾中始體驗戰爭的殘酷，日本人殺人如麻，街頭時常僵屍橫陳，殺人者自豪不可一世，苦主的親人則哭斷腸流盡了眼淚，此景令我不禁軟起了心而對殘殺無辜的命令有所保留，這種態度很快就被日人發覺而誣指我是個雙面諜，被抓起來當個活靶綁在操場讓兵士訓練殲刺，把我殲刺成肉醬，然後棄屍山野，我好冤枉喔！」

以後亦廣還多次給妹妹現身託夢。

註一、北條一角：終戰後的十五年，當時當校工的黃順添到日本觀光時順便拜訪那個老校長北條一角，那時他已八十多歲了，家中只有他孤獨一人，據說其二個兒子〈即以前喜歡縱狗咬人為樂的二兄弟〉都在戰時當自殺飛機的特攻隊陣亡了，妻女也都在空襲中喪命。他看到順添的到訪不禁老淚縱橫泣不成聲。

十四、南迴公路

建功大廟前的古榕枝葉茂盛基幹均勻四展，基部又築三階式圓壇故清潔涼爽，正為村人起居休息的好地方，時常都多人在休息聊天。

有一天晌午秀中也在休息時忽然來了一輛拖拉庫，車上的一人下車問：「各位鄉親南迴公路正需許多工人，而且工資也不錯，是否有熱心人士伸援手幫忙？」那來人還向在坐者一一遞菸。

村人當農忙期過便多賦閒著，而有工可打便打工，當獲悉往南迴公路做工待遇優渥不禁興奮萬份。秀中、任發便立即奔走相告招募工人，不過一小時便募有二十多個工人。其中有以前抓蛇為業的得郎，弱智的大頭春……個個攜帶畚箕、圓鍬、鶴喙，行李……工具而到榕樹下集合等齊。

村人少見多怪，聽到有輛拖拉庫進村便萬人空巷爭相跑來圍觀。人群七嘴八舌，有的羨慕道：「他們真好，身體健壯出外賺錢。」有的人則說：「勤奮幹，幹過一年下來蓋屋的有、成家的也有、……。」大家都是羨慕樂觀。惟獨鍾昭妹是個女中豪傑，她並不這麼樂觀，她說：「事態並不如想像樂觀，你們看看車子，所有輪胎都貼滿堅硬的黃土，可見工地那邊天天都在下雨，而且環境惡劣工人待遇不好，工人都跑掉始能臨時趕到我們老遠地方募工……。」但昭妹的見解並未能引起群眾注意。

募工不過一個小時便上車動身了，場面有如遠征軍出發一般壯觀激昂，歡送的「萬歲，萬歲」的歡呼響徹雲霄，懂日語的秀中站在駕駛箱後接受民眾送行，出盡鋒頭，不過是前往工地做工，村人竟如此激動。

車子一出村莊便一直往南奔，當到了枋寮車子便停在路邊等齊。原來當日南迴公路築路包商派十多輛拖拉庫到新埤、建功、佳冬……村落募工。約定下午二點半枋寮等齊集合。

秀中他們車抵達不久便見十多輛滿載工人的車輛陸續趕到，這些不知情的工人甚至興奮到唱起軍歌歡欣激昂。

車子三點時又再往南出發，十多輛車子浩浩蕩蕩十分壯觀，車子到了楓港又轉入山區，當抵達深山工地時太陽已發黃了。山區工地果不出村婦鍾昭妹所料：「山區工地可能天天都在下雨的看法」舉頭整個天空灰霧霧，細雨霏霏不歇，到處泥淖。

包商的設想真是週到，工寮營地建在如半島的平山上，這個平山半島三面都懸崖絕壁，下面則一道深谷，大門則建在半島的另一頭與山路接近處。包商若大門一鎖，裡面工寮的工人便如在甕中想跑也跑不掉。

同鄉千三村的林海一抵達營區便感覺瀰漫恐怖氣氛，他發現列列工寮都工人寥若晨星，而橫肉大漢則處處可見。林海雖是個文盲，但聰明絕頂，十分機警，他無師自通而成畫家，也善於講古說傳。他很快就懂得原來工地氣候惡劣報酬又低，因此工人都跑光了。故包商始臨時到遠地雇工，同時也請大批打手用硬的方式阻止工人逃跑。

這些新進的工人都未發現自身已陷入四面楚歌險境，林海則認為此非久留之地趕緊溜，否則坐以待斃。於是佯裝找地方小解而進行探路，他找遍大小角落都沒有一處較安全的逃脫地方，只有冒死從懸崖絕壁攀吊藤蔓而下到深谷始可望脫身。

他決定脫逃求生，但又不能不顧慮同鄉的安危，但若告知了同鄉又怕人多口雜泄出機密誤了大事，他考慮的結果採用自編故事暗示同鄉已陷入四面楚歌生死關頭大夥走為上策的方法。

山中無電無燈感到十分荒涼，同鄉出門在外分外情深，當晚飯後同鄉便聚在一起談天，林海便乘機問同鄉：「我說故事給大家聽吧！」

「好，好，好。」同鄉都齊聲叫好。

「我去告訴得郎、任發、阿春。」熱心的秀中也立即動身告訴未到場的同鄉。

林海開始說故事，他說「昔日千三村有個名李清民的青年，入贅於賴家，夫妻本恩愛，但岳母則狠心潑辣，他不眠不休為家裡忙碌。但岳母全無放在心裡，而且還事事吹毛求疵，怒目以對，還時常謾罵，有次他在工作中不慎弄壞了一種工具，岳母便不給他吃飯以處罰他。於是他不得不離家出走了。

他跑到都市找一個工作。但人海茫茫舉目無親，人浮於事始終找不到工作，而身上又沒分文到晚上只好睡公園之份了。

他睡公園一夜，天曉醒過來時因身無分文吃飯，工作也不知往何處找，真是有腳走無路，只好一直賴在石板上拖延另一次狼狽的狀況來臨。當日上三竿時肚子餓了，工作也不得不找，於是起床想啟程。但一起身竟發現附近石板上也有二個漢子睡在那裡，模樣也顯得狼狽不堪，好奇心令他向那二個漢子攀談起來。

「兄弟呀，府上在哪裡，請問尊姓大名？」李清民問。

「敝人姓鍾名偉，家住美濃，請多指教。」鍾偉自我介紹。

「敝人小姓賴，名文，家住高樹，請多指教。」賴文也自我介紹。

三人交談後始知境遇完全相同，都是家裡住不下去而想到都市找工作而工作沒找到身上又沒分文只好睡公園，處境相同又有緣邂逅三人從此便以兄弟相稱。

於是三人便一起流浪街頭邊找工作，三人終在一處騎樓柱上發現張貼一張長城磚廠募工海報，三人喜出望外立即前往應徵。

鍾偉這隻老鳥一到場便發現磚廠所有工寮都不見工人，磚廠也半停狀態，可見的幾個在走動的壯漢開口閉口都野蠻髒話，他便看出這磚廠有如煉獄，不然怎不見工人，可見這地方非久留之地，於是勸李、賴趕快一起離開。

但賴文不這麼想，他說：「工作難找，既然找到了就幹一段時間看看。」他以為若幹得不如意再走不遲。李清民也懷著賴文的想法。

鍾偉的看法不被採納而只好獨自另找工作去了。應徵次日開始上工，幹挖山移土煉磚工作，工作伙伴共有數人，其工作十分嚴苛，必有一監工不離身一直監視他們，不能片刻小息，若發現工人稍歇便痛罵：「幹你娘，不想幹嗎？你當老闆好了。」

早上八點上工，幹到中午十二點正始休息和吃飯共十五分鐘，十五分鐘一過又開始上工，幹到下午六點鍾。幹過一天下去已筋疲力盡，難以支持下去。幹過四天便決定不幹了。但辭工則廠方說：「本廠一個月始發放工資一次，而拒絕半途發放工資。

他倆不願做四天白工而想做滿一個月再辭離開，而忍苦繼續幹。監工都是老闆的幾個兒子在輪流，他們在監工必攜帶長如扁擔而以黑布包得緊緊的不知什麼工具隨身，令人好奇想知道到底包在裡面的是什麼重要東西。有一日監工在工地忽然有急事返身就走，把長物忘了隨身。賴文便悄悄走近偷摸摸看看到底是什麼東西，他把其從頭摸到尾，結果發現竟是一把武士刀，可見廠方一向以壓榨工人方式賺錢，甚至殺人都不足惜。

他倆終於苦幹忍受過滿一個月了，賴、李想領取工資後辭工，但廠方說：「現在廠方無錢，還要再等。」賴、李完全失望。

賴文一氣下舉起椅子向廠方人員打將過去。但老闆的幾個兒子和打手早已亮起武士刀在迎訝他。

李清民忙勸賴文道：「算了吧，我們當作一場大難不死，我們別處賺吧！」賴文始氣憤憤放下椅子而倆又流浪街頭找工作了。

林海能言善道故事活靈活現同鄉都聽到出神。結局時同鄉都無不義憤填膺，痛罵磚場老闆無人性，禽獸不如，卻沒一個人發現林海在暗示同鄉已身陷險境處在生死關頭之中。

沒有一個同鄉發覺他的暗示，當夜三更他只好獨自悄悄走出工寮，從懸崖垂吊藤蔓落下深谷，然後順著河流順利走出山區。當時打手們還未全面佈哨，等次日清早起床，同鄉見不到林海的身影時，始發覺林海昨晚跑了。原來他的故事為暗示大夥趕緊跑，走為上策的意思。

他們次日便上工了，工地都在高山峻嶺，山中終日細雨霏霏，濃霧蔽天，地面泥濘，他們為進行挖山移土工作。穿起雨衣礙事，不穿雨衣則一身淋漓倍受辛勞。前批的舊工人就是因煉獄般的環境落跑殆盡的，因此包商始即從遠地募不知情的新工人當替死鬼的。包商同時也招募許多打手以兇殘的手法防工人逃亡。

得郎、秀中等不過幹過一天便感吃不消，幹滿一星期便打退堂鼓想領取工資後辭工返鄉，但包商說幹滿一個月始能發放工資，於是他們只好一再忍受。當忍滿一個月了，想領工資後辭工，包商則說：「現在包商還沒錢還須再等。」

得郎一聞不禁跳腳咆哮：「我們走，我們走，留在這裡只有死路一條……。」

但此時所有出營地，山路的各小徑各角落已有佈哨，布姜叢裡、草叢裡都有打手們持一支長棒在守株待兔。常見從別鄉鎮招募而來的工人忍不過又苦又沒工資的煉獄生活而逃亡被截獲而被打到一身血再把他拖回工寮的情形。想逃亡談何容易。

「想逃也不容易逃，也必被截回而打得頭破血流，現在出山區往平原的通路全都被封鎖，我們不能輕舉妄動，須要加深沙盤推演。」得郎說。

「我們的扁擔、鋤頭柄就是武器，我們衝鋒揮一下棒殺一個，誰怕誰。」其中胸脯寬、胳臂粗的人義憤填膺地說。

「哎喲，惡手不當兩，他們人多，我們則手無寸鐵怎是他們的對手？現在只逆向往深山逃，包商以為逃進深山是條死路故未在那邊佈哨，我們逃進深山後左折往北逃，便可回到家鄉。」以前抓蛇為生而常沿中央山脈山麓往台灣南端找蛇而對山路已有三分熟的得郎說。

得郎這一說秀中、德鴻……九成同鄉都贊成，於是採用此逃亡計畫。

「我們若跑到枋寮段山區便算安全了，我們於是出山到枋寮向清源哥求救。葉清源先生是一位移居枋寮做生意的同鄉。以前我找蛇，路過時便登門看他，並休息喝茶。我們若向他求救，他一定伸出援手的。」得郎又說。

大夥決定要逃進深山的計畫後又擔心起大頭春，大頭春弱智。若有心人遞給支香煙誘話。他都會把殺頭的話傾囊而出。為了萬全之計得郎、秀中一再向他教三歲孩兒一般教他，若有生疏人問他甚麼則盡量緘口不說。大頭春經常見血淋淋的畫面後也知可怕了。

當夜三更他們仍像林海一樣從懸崖攀吊藤蔓降落深谷然後往深山跑。他們在深山渴則掬山泉止渴，飢則採野果，又怕包商派打手攔截，因此走走停停，工地到枋寮不過半百公里山路，但足足走了好幾天。

到了枋寮山區時大夥都已極端狼狽疲乏了，說話嘶啞聽不清，得郎認為已到安全地方了。得郎無氣無力地做個下山的手勢，出了山而往葉清源的住所走。

他們到了清源的住所時，眼睛已完全無神地直視，想說話也無聲無氣了。得郎因說話無聲而只好以食指一再往自己的嘴巴指，以示要一碗飯吃。清源忽見一身髒污狼狽不堪的一群人上門不禁訝異一陣。

「喔，原來是同鄉，你們到底發生了甚麼事？」清源端詳好一會始認出而問。

得郎又再以食指一再指嘴。

「喔，我知道了。」清源會意他們要飯充飢便立即命家人上市場買蚵仔煎和炒麵……，也泡好幾壺茶招待。

同鄉吃過食物元氣漸增，當同鄉休息聊過一陣後清源便給他們一人一元作車資，搭下午最後班車回到故鄉，他們的歷險事態宛如一場惡夢。

十五、世紀酷刑

陳德龍從山前獨自跑到山後花蓮港廳地方應試，而當起警丁〈註一〉他離鄉不久妻子峯妹便和鄰近的猛男章兆民出雙入對宛如夫妻。其婆婆安伯母看在眼裡極為憤怒，心裡毒罵：「你這個水性楊花的淫婦，別給我抓到證據，有了證據馬上告官。」

居然不久便看出她以確實懷孕了，安伯母迫不及待立即跑到派出所報警。警察官金星牯把它登記立案。

峯妹的肚皮日益隆起終將臨盆。俗有傳說：「孕婦不怕幹活，愈勞動倒較好生產。」故她行將臨盆還上田裡幹活。正此時有一個薄午旺嫂忽然緊張兮兮地跑來告訴安伯母道：「安伯母不好了，我看峯妹的肚皮已經沒有了，我看她已把孩子生了。而嬰兒生死不明。」

人命關天，安伯母沒站沒坐又立即跑到派出所再報案。不料以前政府對胎兒死千死萬從未曾過問，但中日戰爭爆發後日人還計劃征服世界。征服世界需要無窮人力，因而對生育重視起來。這樁孕而不知胎兒的下落竟被視為一個未來英雄的失蹤，國家的一大損失，非查個水落石出永不休。安伯母則想以通姦罪，給媳婦教訓教訓。

安伯母上派出所再報案，不旋踵潮州群役所〈註二〉便派二部警車把姦男姦婦抓去訊問追查嬰兒下落。

主審刑警張斗順問：「你把孩子生到哪裡去了？」

「我並沒有生孩子。」峯妹一再受問都如此說，不肯吐出一絲真相。

於是斗順只好用刑逼供，以鐵管壓其腳劫，不料一施刑其胎穢竟猛流如注，斗順怕鬧人命只好止刑而把她暫時推進監牢。

斗順轉而提訊其姦夫張兆民。

兆民說：「孩子是我和她的愛情結晶沒錯，但我倆並非每分鐘在一起而她把孩子生到哪裡去了我並不知道。」

這時的斗順尚有理智還能察理，認為兆民的話並不錯，於是給他數個鞭打後暫時把他推進監牢。

解鈴還是繫鈴人，真相還是峯妹最清楚。硬的不行卻不曉改採軟的方法，以循循善誘攻其心防，他的辦案真不如三歲小孩兒的想法。甚至認為該村的孫和古時常幫忙人家處理夭折的嬰屍，若傳訊他一定懂得多少案情，對破案有所幫助，於是放棄主嫌的偵訊而改抓和古。

和古傳到後一問三不知，他也確實不知情，峯妹把嬰兒出生後不一定就將其拋棄田野一下便被野犬吃掉也不一定，哪能輪到和古處理的份？

神經兮兮的斗順精神爽則大事化小小事化無。和古則不如兆民好運，三鞭二棍後便推進監牢。但和古供不出案情便遭棒打屁股，打到他手軟後始停下再問，問不出又再打而打到整個屁股淤腫不能坐不能臥連吃飯都趴著吃，痛苦呻吟。

從和古口中未得蛛絲馬跡，事後也認為和古可能真的不知情。比阿斗還阿斗的斗順竟轉而認為當婆婆的安伯母與媳婦日夜相處若她不知道還有誰知情？於是又把她抓去了。

「你把嬰兒藏在哪裡快說出來。」斗順以肯定安伯母完全知道嬰兒下落的口吻引誘偵訊。

「大人呀冤枉啊，我若知道早就說出來了，我比誰都還急呢！」安伯母家門不幸已夠痛苦了還惹上人命關天的官司她不禁揮淚求情。

安伯母一再問都不知情，於是和和古一般遭棒打屁股，打過好一陣後再問，問不出又再打終打到屁股不能坐不能臥，連睡覺進食都趴著痛到不停呻吟。

斗順的辦案真是愚到耐人尋味，繫鈴人的峯妹不加以審問而讓她在監牢裡涼涼爽爽，卻四處抓無辜刑求到半死。峯妹看到一個又一個無辜被抓而打得半死卻樂得如看好戲一般，當婆婆被打得半死抬進監牢時不禁幸災樂禍：「打，再打，想害我，現在知死了吧。」

斗順一再抓人都問不出蛛絲馬跡，上司又一再限期破案，於是派出所警察便下令村人把所有豬舍、便所的糞窖加以舀乾並加以清洗。然後等候檢查有沒有嬰屍在窖中。弄得整村人都忙不過來，人人自危都擔心會不會被抓去拷問。

舉村的口口糞窖都舀乾清洗過讓警察金星牯一一檢查過，結果並沒有發現嬰屍，居住在安伯母鄰居僅一條衛生溝之隔的耄耋老人運良伯始按耐不住而向知己親友透露:「有晚深夜傳來一群家犬在屋後稻草堆附近爭食打鬥得很厲害的聲音，大概就是在爭食那首嬰屍，可見該產婦當分娩後就把嬰兒拋進到草堆讓狗吃掉了。」運良伯老來時常失眠，外面風吹草動都逃不過他的耳朵。

一抓再抓也問不出線索，清洗糞窖也不見嬰屍。斗順又無要領攻主嫌的心防，上司又限期破案，斗順被逼得喘不過氣來，他苦思下竟發現一尾漏網之魚——那就是陳德龍之親叔父陳順賢。他已中年人，帶有喘哮宿疾而身體弱，無娶。他和姪兒德龍同吃同住尚是一家人。

當斗順一再抓人都問不出線索，清洗過所有的糞窖又沒發現嬰屍，由是他便產生了預感。認為自己再也逃不過被抓，雖然自己完完全全清白，但暴政亂棍下清白也將有罪。

順賢人貧體又弱，村人都瞧不起他，不屑和他接近或交談。惟有仁叔不分貧富強弱待人一視同仁，甚至對叫化子都一樣。因此仁叔家成為順賢唯一傾訴心聲的地方。

他嘆:「唔，抓來抓去都抓不到真兇，我看我已跑不掉了，我若被抓則必死無疑。」他認為自己的身體弱經不起酷刑。

他的預感可真準，次日中午斗順便派警車把他抓去了，他到群役所便立即升堂問案。

「你到底把嬰屍藏到哪裡去了快點說出來。」斗順問。

「大人呀，我冤枉啊！我只是她叔父哪裡知道她把嬰兒生到哪裡去了。」他顫抖著哀求道。

「不說我就打死你。」於是主審的斗順以穿著長靴的右腳往其小腹一踢。順賢便倒在地板上，斗順又再走近以右腳踩其臉頰，還把穿著長靴的腳一轉，這一動作已把順賢的臉頰皮綻肉裂痛得哀爸叫母，呼天給他快點死吧！

斗順接著把他拉起再問，順賢仍實事實說：「大人啊，我確實不知情。」斗順又再把他踢倒地上。這樣反覆幾次後，順賢始覺悟斗順無法理喻，被活活拷死不如含冤認罪判刑入獄死也輕鬆。

不料一認罪說：「不錯，嬰屍我把他埋掉的。」卻更引起斗順更凶暴。死要見屍，而警車立即載順賢到沙崙公墓認嬰屍。順賢以為該公墓時常可見人家在該處埋嬰屍，我隨便一指認一座不是便可充數？

湊巧公墓近來都沒人處理嬰屍，不見一座新土墩，押著他的斗順又不停鞭策，他慌恐緊張中只好見小土墩就指認道：嬰屍埋在這裡，工人一挖又不見什麼，於是經一場狠打後又再找，斗順則不停加以鞭策。

不久日黃昏了，只好回群役所。次日上午又再趕來沙崙公墓，一樣找不到新小土墩而又跑到別處公墓找，一樣未見新土墩，到了薄午時只好放棄尋找回群役所了。

回到群役所又立即進行偵訊，一樣問不出又腳板一踢，倒下又拉起，猛打反覆二次後想再拉起時發現順賢完全斷氣了。

上司限時破案，案情又毫無進展，斗順煩死了。他見順賢孤苦伶仃又沒有背景而可欺，早決定把順賢屈打成招，如今他死了更好。

當天下午其家人便收到領屍的通知單，遠在花蓮港廳當警丁的姪兒德龍聽到噩耗傳來悲傷萬份，認為叔父與世無爭竟遭枉法活活被昏官刑求而死十分不甘而奔喪告官。

斗順獲悉有人大膽告他而更為憤怒。他以為「我辦案何止刑死千人，誰曾吭過一聲？唯獨德龍活得不耐煩吧？若是法醫驗不到證據你就知死。」苛政下屈打成招家常便飯，含冤枉死不當回事，敢吭聲者更是鳳毛麟角。

他不斷警告德龍說若找不到證據就知死，事實上順賢被打死而一身已支離破碎肉眼都看得最清楚了，問題是法醫能否伸張正義而照實說，若官官相護黑白顛倒那德龍就真正死沒命了。

德龍以為擔心若成事實，不但叔父含冤莫白，自己還會送了一條命。故坐臥不安，茶飯不思，常常端起飯時一想該事便放下乾脆不吃了。

葬後數日始進行開棺驗屍，該日上午沙崙公墓就聚集一群人，其中有司法人員、警察、壯丁團、衛生人員、工人……。在田裡幹活的丁長見公墓那邊一股香煙裊裊升空，好奇跑去圍觀，見工作人員在香煙和猛潑消毒水壓臭下進行挖墓工作。

驗屍官是位日藉法醫，他剖驗發現左右肱骨都遭打斷，肋骨也打斷三支，在無情的摧殘下內臟當然面目全非。雖時間已好一段了，已腐爛不清，該法醫堅持正義證實順賢遭刑求致死。但官官相護，斗順並沒受到絲毫應得的懲罰，若無其事，依然天天在辦事。一個與世無爭的弱者竟含冤遭毒打白死，真是人命不如一隻螻蟻。

註一、警丁：為日據時台東、花蓮地方的警制，為警察的助手。

註二、群役所：日據台灣政制，總督下設州，州下設群，群下設庄，庄下設保，保下設甲，群役所即群的辦公所在。

十六、天公惜憨人

香蕉事業正當如日中天時，建功有一幫農夫共有數人，他們香蕉種有不少，錢也賺有不少，他們都懂日文，也有訂報，聽收音機，懂得中日戰爭一爆發，世界大戰也必隨即爆發，屆時船運航路便受影響甚至中斷，同時香蕉事業便完蛋了，而貨棄於地，血本無歸——。

這種談虎色變的時局終於出現。中日七七事變爆發，這幫眾中的樹春對時局最透徹，神經最過敏，他一再感嘆完了，完了，他以為猛種香蕉而所孤注一擲的血本將如放流水一般，香蕉將貨棄於地而愁得茶飯不思。倒是妻子秀嶽倒看得開，他勸樹春道：「人家得過我們就得過，較我貧窮的人家都要過日而我們就過不去？」

有一早秀嶽從河邊洗衣服回來看見他還一直茶飯不思，於是：「嘿，你在愁香蕉已完蛋了，但仁叔還在來者不拒，人家向他推銷香蕉青他就飢不擇食地照單全收。」村裡的婦女每早都到河邊洗衣服，好熱鬧，於是成為傳播消息的場所。

本愁得正在打盹的樹春不禁精神一振，他對秀嶽的話凝思讓時間證明是事實還是場夢。當他證明是事實後眼睛立即轉亮，還譏誚道：「世間竟還有這麼大頭的人當這場災難的替死鬼。」於是動身往嘉慶的住所跑，將這樁天上掉下來的好消息告訴嘉慶和在坐的同幫好友。

這幫人——樹春、發昭、喜信、琳郎……。他們都是村裡稀有的懂日文者，又正值英年，有錢有財產，個性又一樣狡黠，村裡的行政都由他們在把持。物以類聚，他們日常都集中在嘉慶的寬闊宅院飲酒、喝茶、聊天……。他們彼此親熱團結合作令人十分羨慕。

伙伴們獲悉後一時高興雀躍，喜信立即登高吩咐大家安靜，盡量壓低聲音，然後商量向仁叔推銷香蕉青的策略。為了不致仁叔起疑而採用化整為零的策略——就是一個推銷成交後再另一個人推銷，輪流進行。策略商量後喜信扮個鬼臉以示世上精者吃憨的，憨的吃天公。

他們的策略很滿意，嘉慶先頭向仁叔推銷，當成交便輪到琳郎……頭尾都順利成交。仁叔毫無警覺，對方開價多少他就照價包買，皆大歡喜。

仁叔以前清貧年青力壯，起初打工幫人家種香蕉維生，後來想自己創業，租塊地種起香蕉，他體力好，吃苦耐勞，智慧過人，每每成功賺錢。於是面積愈種愈廣賺錢愈多，不少貧窮人家當青黃不接或遇上孩子燒冷無錢看醫生，告貸又無門，便想起仁叔的仁慈。認為若將香蕉青賣給他應急則他也不會趁人之危，故都登門向仁叔推銷籌錢。

仁叔認為幫人家解危而不敢怠辭，都不加討價還價，來者不拒，因此兼做起收買香蕉青的生意。他對貧人家來者不拒，加上包攬樹春等一幫人的香蕉青，便一躍為村裡的香蕉大王，其數量竟達村裡香蕉數目九成之多。

仁叔並不如想像的愚笨，他天資聰穎，曾唸過堂書且名列前茅，可惜不懂日文，看不懂報紙也沒聽過收音機。種田人家總是天天忙於與田土為伍對時局不加以留意，天下即將大亂他還盲然不知，故人丟我撿，瞎子不怕槍。

不料塞翁失馬，中日戰爭雖如火如荼，但前往日本的航道依然暢行無阻，還出乎想像在新領地大連、青島、北京、上海、南京開闢龐大市場。一批又一批從領地載貨來台的貨輪當卸貨後又滿載蕉貨返航。

其貨輪的來台都不定期，卸貨後停留也極短暫，農戶就在這短暫時間供貨給載運。貨輪的來去飄忽，農戶的供貨也臨時而倉促，於是「臨時線」這個新鮮名詞於焉誕生了。

臨時線的通知電報不定時，農戶一接到通知三更半夜都挑起擔子進行採貨。人手一燈，仁叔踩割，家裡的阿榮和幾位長工則進行運搬工作。當逢豪雨亦無阻而按時進行採貨，其苦難以言喻。但價錢好，又供不應求鈔票滾滾來，其苦化為樂了。

仁叔發了意外之財，他本為人樂善公正，待人一視同仁，因此極受村人的尊敬，大多數的村人都擁護他出馬當保正或擔任公共事業的主持人，以唾棄過去由喜信那幫人的獨霸，仗勢欺人，驕傲目中無人。仁叔的崛起有如改朝換代一般。

喜信這幫人則當把香蕉青包賣給仁叔後就正襟危坐在等候著仁叔唱哭調，不料大戰並沒如他們意料中的爆發，想讓仁叔演哭調反讓仁叔喜劇收場。不但錢白白被仁叔賺去還把仁叔捧上天，他們都看在眼裡妒在心裡，還以為此仇不報嚥不下這口氣。

他們過去每聚在一起莫不得意忘形，猿聲怪氣的。但見仁叔風光後都氣得默默無語，他們圍坐一起都少見說話，偶而說話也「唔，嗯。」就把它略過。他們這樣一反過去而坐著沒說一句話，這樣一連好幾天後，還是嘉慶登高發言。他說：「報紙、收音機、預言家都預言大戰將爆發絕逃不過今年，近日夜空也出現長尾星，〈註一〉還下血雨呢！幾日前幹會社的工人遇上一場雨，它竟是場血雨，一身都被淋得血紅，以上這些都是天下大亂之惡兆。」

「香蕉事業沒指望了，我們趕在仁叔還未警覺之前再把香蕉青包賣給他，既可避風險而早把鈔票袋進口袋，靜待明年看仁叔唱哭調。」喜信又說。

該幫的成員全都不甘自己的香蕉錢被仁叔賺去，仁叔賺大錢風光更引起他們嫉妒萬份，而全都懷有報復之意。但經嘉慶一說竟都擔心起若真的大戰爆發明年的香蕉豈不是真的貨棄於地了？當大夥憂心默默時喜信忽提議：「我們明年的香蕉青再賣給仁叔——。」

世界早已戰雲密佈大戰一觸即發。但仁叔還聾子不怕炸彈，人家無錢看醫生便登門賣青，青黃不接應急也登門賣青，嘉慶那一幫人大規模的蕉青也再登門推銷，而他都一一通吃。

仁叔事業有所成，為人公正不阿，民眾的家庭分產或鄰居彼此糾紛都棄官而轉為登門請他排難解紛。村中耆老、望族、小村民都向官員請求派仁叔當保正。人氣如日中天，但身為一個篤農只問耕耘卻不知人性的險惡，嘉慶那幫人因錢給他賺去心懷不甘，眼見仁叔賺錢風光而心懷嫉妒而仁叔竟毫無感覺。

嘉慶說服所有伙伴將蕉青再賣給仁叔後，為了證實他先見之明而天天更勤於閱報和聽收音機並祈求大戰立即爆發。

該幫中的錦連腦筋他最差，日文一知半解，但天生一幅強烈慣贏不服輸的個性，買賣本是人類互惠，輸贏都是贏，但他人家贏他一分錢都心有不甘，他的香蕉錢去年被仁叔賺去便寢食難安，盼望大戰立即爆發，讓仁叔好看以雪前恥。

故他一天跑嘉慶的住所二十四回，探問深通日文，家裡又有訂報，有收音機的嘉慶問問大戰快爆發了沒有。

註一、長尾星：即慧星，它與一般星星不同處為必有拖著長長的尾巴且特別光亮。

十七、箕湖村的美女

中日戰爭爆發後台灣駐軍漸多，為了供應軍人的營養日人實行徵牛政策，將徵召的牛隻宰殺當軍人的菜餚。

徵牛在原則上採用輪流方式。即這次徵召張家、李家……的牛，下一次便輪到徵召鍾家、賴家……的牛，週而復始。而政府便將所徵召的牛宰殺供軍方，政府將所殺的牛以公定價收購，但其價錢低賤可憐，不及市價一半。

為了辦理徵收牛隻而各庄役場〈註一〉都派駐唯一全權獸醫，專事調查養戶的牛隻數，性別和決定徵誰家的牛，若有人家殺牛或病死牛便令養戶剝皮，取其角繳公製造軍需品。

因政府的收購價低得可憐，若牛被徵則養戶損失實在不貲，若是連續被徵則導致破產。尤其不少篤農都精選一條或二條大閹牯〈註二〉飼養作為耕田和運搬的動力，這個視如命脈的大牲畜若被徵便有如令他們走上絕路，故為了生存養戶們便向役場獸醫進行行賄。

他們行賄目的是想買收獸醫本在輪流順序的徵牛，當輪到自己時求獸醫跳過一格而由別人頂替。這樣情形下不加行賄的農戶便接個不停的徵牛令了，眼見家裡的愛牛快被徵光了，為了生存，過去堅持反對行賄的養戶不得不也含淚進行行賄了。

因此賄款便雨後春筍般落在獸醫身上，新埤庄獸醫王知恩有賄從未漏接，毫無顧忌，他看透專制政體下並沒有民眾這麼大膽敢檢舉收賄。真是財撞人，他不久便積蓄好多錢而買良田成了小地主。

人家對他行賄外還有不少人請他喝花酒，因為他是個常客又多金，有勢力，而不久便認識了潮州街第一樓酒家的酒女秋子，倆情意繾綣旋即墜入情網。乃妻知其脾氣不敢反對，終納為妾。以後又在潮州蓬萊閣酒樓結識一位名文英的酒女，喜新厭舊的他又移心別戀再娶文英。

一妻二妾已夠多了，人家背裡都譏他好色成性，也認為他不會再娶了，不料還再娶二位村姑為妾，一共一妻四妾。

一妻四妾，至此連自己都認為夠多了，年紀也大了，妻妾多帶來很多麻煩，為了避免妻妾們將來分產糾紛：「他便在各大都市買房置產分給妻妾個人經營……。」於是在台灣的各大都市，台北、台中、嘉義、台南、高雄，妻妾人各一幢房產各自經營生意。於是有的便開間雜貨店、書店、飲食店……。

起初人家的愛牛被徵，常為愛牛痛哭悲傷，背裡還會痛罵一頓。但日久習慣成自然，當收到徵牛令時雖然為愛牛痛哭一頓，但少見在背理痛罵政府的情形。庄裡的人家十有六七種田養牛者，因知恩對牛有生殺大權，養牛戶們都怕他嫌棄對他不夠尊敬而老是送來一張徵牛令以報復，故都對他極盡巴結之能事，偶而走路相逢便一再點頭致意。

寶伯、仁叔兄弟都是種田大戶，耕田需要大量畜力。但都只養二條大閹牯擔負，因牛多需多人管理，故愛牛若被徵召田園將誰來耕？二來不忍愛牛被當桌上佳餚。

兄弟擔心不安之際寶伯竟接到了徵牛令而寶伯愁到寢食難安，總是想不出拯救愛牛之道，仁叔見胞兄憂容滿面便提出要領道：「我們何不採用魚目混珠法買條老廢牛冒充頂替，他們是數牛頭不認牛的，牛籍簿並無相片對證－－－。」

寶伯便採用仁叔所說而和村尾的阿丙買條老廢牛頂替，結果順利過關，拯救了英年力壯的愛牛。由於軍方主要在取得牛皮，牛角和牛骨牛肉而已。

以後寶伯、仁叔每接到徵牛令便買人家的老廢牛當替身，若附近買不到老廢牛則請牛販到恆春買牛——恆春人養牛多把牛趕到山中野放，當欲耕田時始找回。故無法調查牛藉，買賣可自由進行。

新埤庄有七個村，當查牛藉時一村排一天時間，調查之日的上班時間知恩和工作人員便在其莊頭或莊尾擺張桌，備一口火爐，鐵印……在路邊等候，養戶則利用趕牛出門或回欄時受檢，然後在其角梢上烙上昭和幾年的印記。

他們在箕湖村檢牛時，檢過一群又一群牛，當檢到薄午時分竟見一個姑娘趕一群牛來受檢，知恩發現她真是國色天香，面如芙蓉，一雙臂肘豐腴白嫩吹氣可破，光是一雙臂肘就攝人神魂。知恩給迷住了，他倒悲從中來，以為年紀高了時代過去了，再美麗也得不到了，他又想：「人家說女人的腳若是美則其全身都一定美。」於是他的視線便開始打量到她的雙腳；果然不錯，她的腳指、腳甲、腳盤甚至小腿都美如珠玉十全十美，找不到瑕玼。

這一艷遇到給他煩惱，喟嘆青春不再，而且又已有了一妻四妾，也發過誓再也不娶了。但那姑娘的倩影總徘徊腦際揮也揮不去而戀戀不忘心不在焉。

他雖斬釘截鐵地發誓絕不再娶了，但並未把慾望馴服過來。他以前的誓言卻一再退卻，起初喟嘆：「青春不再不覺進入中年了。」但很快就退卻至「不知誰家的女兒」若懂得是誰家的女兒，便彷彿揭開底牌般歡喜一場。於是，當休息時間他便上保正林石頭先生家探問是誰家女兒。

「薄午時有位姑娘趕牛群來查牛藉，她美若天仙，不知誰家千金？」知恩問林保正。

「那是財櫻。」在身邊的石頭嫂搶著說。

「說到哪裡去了，財櫻怎會趕牛查牛藉？」林保正嗆他的夫人說。

財櫻是該村姑娘，嫁給喪妻而二次婚的富商而一直未生育，她有幾分姿色加上多金，個性八面玲瓏，常見一身珠光寶氣，衣錦璀燦在跟班的簇擁下時常出現在人群中出盡風頭，為眾人心目中的美女富婆，羨慕陶醉了不少男生。因此財櫻這個名字成了美女的代名詞，人家一聽到美女就想到財櫻。

世俗如此林保正卻不以為然，他認為財櫻為完全靠那些珠光寶氣，若把其珠光寶氣一離身便大減失色了。故知恩一問他很快揣出櫶花始能令他如此動心。櫶花嫵媚天生麗質，不經粧飾也迷人可愛。

「那姑娘名櫶花，是陳金榜的千金。」林保正告訴他。

終於知道了姑娘什麼名，誰家的千金真有如揭開謎底之樂。在以前他以為揭開了謎底便再也無所求了。但謎底揭開後依然戀戀不捨，做事心不在焉，極盡思戀之苦，經幾天後給他想起:「佯稱查牛藉去拜訪金榜並看看櫳花的丰采便可完成心願了，再也不受思戀之苦了。」

次日他便和林保正、保正夫人相偕登門拜訪陳家，金榜熱烈招待，不知情的櫳花則認真地正在忙於做家事，他如願以償飽賞其豐采。當告辭時他見一個老太婆，問明她是櫳花的祖母後，他便塞一疊鈔票進她口袋。姑娘的名字他已知道了，姑娘的丰采也看到了，依然心不在焉，甚至比前有過之而無不及，如醉如瘋。此時什麼是誓言他都不當一回事了。他認為人家四十、五十歲都還在娶妻何況我還不出四十，而且錢又多多可讓妻妾們過貴婦生活，有清福享哪會有人不願？

他的誓言完全退卻後又登門請保正夫人說媒。她以為成功可能性少，但想拒絕對堂堂一位獸醫不好意思。於是只好試試看了。真不出所料金榜斷然拒絕，保正夫人不怕麻煩，遭峻拒她仍然一而再，再而三登其門說親，均遭峻拒。但知恩有託付，每當登門說媒時必塞一疊鈔票給老太婆。遭一再拒絕後知恩便認為以軟法永遠都會失望，於是改用硬法。

以後每逢徵牛金榜都有份，而且一徵就是數頭，以前屋前空地都拴滿牛隻的，經知恩的猛徵急召後日見減少，甚至剩下幾條了。老太婆見景不禁淚汪汪哀求兒子道:「牛是先父留給你的，現在快被殺光宰光，若是先父泉下有知則必悲傷萬份呢！」兒子死不屈服，老太婆則想許以櫳花息事寧人。

金榜死不屈服，但徵牛更本加厲，老太婆也憂得茶飯不思身體日益虛弱，快將走不動了。

「櫳花若嫁給他，錢多，地產有，絕不會吃虧的，也能保住先父的愛牛。」老太婆總是老淚縱橫勸解金榜。老阿婆極疼愛孫女的，若能令孫女有好日子過，連性命都願犧牲。金榜則顧慮母親的健康和保住先父遺下的愛牛只好順從母親之意了。

註一、役場：日治時政制，總督府下設州，州下設群，群下設庄，役場即庄的辦公室。
註二、閹牯：割去睪丸去勢的牯牛稱為「閹牯」

十八、毀神廟

日本佔據台灣已四十多年了，據為己有和皇民化是它的既定政策。台灣的後輩們一出生所聽的是日本話，所見的是日本貨，所唸的是日本書……皇民化已完成大半了。完全皇民化也指日可期。唯有宗教還原封不動，甚至可能永遠原封不動，讓日人有如芒刺在背。

當世界戰雲密佈大戰一觸即發時，日人為了加強團結和防止宗教被敵人利用，而緊急實行徹底廢除台灣宗教的政策。例如禁止廟會，祭神，迎神、婚嫁祭神祭祖、掃墓……並焚化神像毀神壇。當傳聞政府將派工人進行破壞時，三山國王廟的熱心信徒們如：乩童祥興和時做義工的福郎、德海、碧廉、明珠……便頻頻開會尋求藏匿神像之辦法，經數次開會商量均找不到因應之道。因想不出絕對萬全辦法，一但遭警察識破藏匿神像則必受到嚴厲處分，誰都惹不起。

一再開會都想不出因應辦法而毀廟的工人終於出現了。在情急之下祥興迅速以外衣包起大王、二王的神像悄悄抱回家，其餘的神像如媽祖、觀音、關聖帝君、千里眼、順風耳……神像統統都被工人抱去前庭放火焚化了。連紀念建功開居祖朱建功的神主牌也抱去給焚化了。神廟則因新建不久而政府想做為集會場而未加破壞。

祥興把二尊神像抱回家後便將祂藏匿在棧房的最後角且不讓任何人知道，打算當政府一窩蜂破壞一段時間後，當趨平靜時再移出供奉或繼續藏匿都好，誰都料不出時局將來的變化，或許兵荒馬亂或許世界毀滅都不知。

日人的如火如荼破壞宗教活動已順利完成了，平靜了而他便開始利用肥皂箱的木板釘製適容二尊神像的木箱，開一扇門扉以蝴蝶耳固定，並安上四支竹腳變成一個克難的神龕而將其擺設在祖堂一隅，當膜拜時門扉一打開二尊神像赫然可見，膜拜過把門扉關上便看不出它是座神龕。

民眾獲悉浩劫中曾拯救到二尊王爺神像便時來祥興家頂禮膜拜。仁嬸也時常帶金日、金月、金星三個兒子前往燒香膜拜，她見王爺落難到藏匿在木箱裡不禁悲從中來。她也見鞍思馬憶起太平盛世時廟會迎神賽會萬民歡騰的盛況。

失落的太平往事格外令人懷念，這個懷念的往事她不說不快，但最懷念的往事她只喜歡和心愛的三個兒子說，而且都在就寢時間，當就寢時問她習慣二手臂攤開讓金月、金星當枕，較長的金日則睡她身邊貼著小枕。

於是她講起早時迎神廟會快樂往事。三兄弟則傾耳聆聽，三兄弟聽到呼呼入睡時她始停下來。母親常說昔日迎神廟會盛況，鞭炮響徹雲霄，鑼鼓喧天，迎神的隊伍一隊又一隊地經過……好熱鬧，昇平民安景象。

母親的話令金月小小心靈無限嚮往，以為目前的世界如此則千秋萬世的世界都會如此而不知世界時刻在變的他因而對失落的往事格外羨慕也無限感傷。

母親說萬民騰歡，鞭炮響徹雲霄，對鞭炮特別好奇的他不禁想起:「鞭炮長得什麼樣，燃放爆炸時又怎麼現象？」他想像來揣測去，竟想起自己未完全懂事時在一個不知什麼地方出現刹那一團火光，那地方不知是廟會還是人家婚嫁，印象中有許多人在忙碌，忙得百腳穿梭的情形。

他認為那團火光是人家在放鞭炮無錯。從此以後那團火光的現象便絕跡不再見到了，大概也就從那時起便完全禁止放鞭炮了。

他也常憶起當大約五歲時和三歲的弟弟在一座土地公壇前乖巧地玩耍玩到忘我入神的一幕，模糊印象，記得其壇前一棵古榕而庭院好寬，建造的年代可能久遠了，每個角落都長著苔蘚發人思古幽情。

當他稍長懂事時好奇而想證實當時小兄弟玩耍的地方，到底哪裡時，他認為南郊土地公壇的地形環境最類似印象中的景象。但前往觀察想認證時，該壇早已遭日人所派的工人搗成一堆廢墟而地上已爬滿堅韌的牽牛花藤蔓，大古榕也連枝帶幹都不見了，整個環境已面目全非，難以辨斷。

他為了求證而跑遍四方土地公壇遺址。北郊土地公壇建造在一座森林旁邊，東郊土地公壇建造小河邊，西郊土地公壇建造在一片旱田之間。總之這些神壇的地貌環境都與他那模糊印象環境大相逕庭。還是南郊土地公壇最相似——三面水田而一面與村莊接壤。於是認為南郊土地公壇是小時候和弟弟在玩耍的地方無錯。

他確定是南郊土地公壇後當心情黯淡時憶起它竟能令人有開心的效果。以後當上河邊游泳還是釣青蛙時故意迂迴路過壇前憑弔，每每勾起兒時的美麗回憶。

宗教被廢神像被焚後空殼的廟堂便被用作集會場所，晚間則用來當婦女讀書識字的教室。廟堂一直一成不變地這樣使用著，四方被毀的土地公壇也就一直荒煙漫草，這樣情景令兒時直覺上以為世界目前這樣則永遠都是這樣的金月感到自己小時看法竟不錯。

其實被廢的土地公壇依然靜靜地躺著不變，但世界則瞬息在萬變，國際間一直劍拔弩張，你爭我奪，亞洲的日本正如火如荼侵略中國，中歐的德國正發動侵略鄰國世界大戰一觸即發。庄裡男女青年幾乎無日不召集訓練，中年男性則徵召到高雄左營趕築軍港工程，當軍伕上前線……，宗教被廢就算過去的事了誰有閒情異議，縱然異議也孤掌難鳴，甚至會送一條命。

金月對兒時在玩耍的土地公壇嚮往極了。而不怕那裡蔓草蓊鬱沒人蹤而很想到該壇賞月，由於該壇三面都是水田，當月亮從東方一露臉大地便一片光明，真是賞月的好地方。但唯獨一人沒伴而三更半夜在田野徘徊。又覺不雅觀於是招好友丁雲、權安、明福道：「我們去南郊土地公那賞月如何？」金月愛該壇成迷，他想若有三五知己一起在那裡談心再快樂沒有了。

「哈哈哈，難道你瘋了，無緣無故跑到那裡，哈哈哈……。」金月愛慕成痴，玩世不恭的權安則捧腹大笑，丁雲、明福也顯得毫無興趣的樣子。

所有友人對往該壇賞月毫無興趣，金月則依然如醉如痴，想去又沒有志趣相同的同伴，不去又切割不開戀戀不捨，兩難中終決定深山獨行。

當十三夜的早出不早落的月夜人靜後他就單獨動身前往，他打算抵達後就坐在該壇前石板上靜靜賞月一直到深夜或天曉。不料這個過去每當一入夜就不見人蹤的地方竟發現兩個青年在該壇前左右石板上酣睡，而石桌上則豎立著一瓶酒和二隻酒杯。

他不敢吵醒他們而只低頭到幾乎相貼臉看看是誰。但還是認不出是誰而且又正酣睡中，他只好返身想附近走一走，但他一返身他們立即爬起哈哈大笑，原來是青年連富與教生。他倆正在石桌喝著酒而忽然聽到有人進來便開玩笑裝睡。

「我們最近才知道這裡有石桌、石板，正為喝酒賞月最佳地方，以後每當月夜我們都來此喝酒賞月。」連富道。

十九、馬禍

精永酷愛豢養寵物，在他的農莊裡凡可買到的寵物他都養，如天鵝、鴛鴦、白老鼠、獼猴、七面鳥〈註一〉和牛……。尤其愛慕養馬成痴，他正進行建造一處廣大馬欄準備大規模養馬。乃父獲悉後大發雷霆，他認為馬是自殺的工具，有許多人因騎馬而折損生命，而且本島天候不合養馬百病叢生……。

精永個性倔強，他的行事從未屈服過人家，他雖愛馬成痴，但對養馬經驗仍空空如也。父親一阻止，他竟生心虛，破天荒地屈服而停建了馬欄，打破大規模養馬的念頭。

不料日人在大陸複雜地形的戰場上適於戰馬的活動而騎兵屢立大功，因此認為戰馬的重要性而積極培養軍馬的來源。

日人認為在台灣推廣養馬有種種好處和必要性：一、將來大戰爆發而油料必缺乏，此時馬便可應用於搬運和交通方面。二、耕牛無論走路還是拉車都慢吞吞，若以馬取而代之則工作效力倍增。三、馬繁殖多了軍馬的來源便不致匱乏。

日人推廣養馬有種種優待：一、一戶可貸放二匹馬。二、將來生子若合乎當軍馬的條件政府便高價徵召。三、政府派馬醫每週巡迴防疫，有疾病則隨叫隨到。

精永獲悉推廣貸放條件而馬病防疫方面做得如此週到算是克服了過去令他對養馬不敢妄動的棘手難題。振奮萬份立即動身前往辦理貸放手續，一邊又開始建造馬欄了。

他貸到一對馬，公馬淺黑色，牝馬則綠豆色，他喜出望外立即給命名。公的名約翰，牝的則名為梨花。他樂不可支，但乃父則氣得一句話都不說。他愛馬到成迷成痴這步田地當然不管誰喜歡或不喜歡都不在乎了。但他想給父親心服口服而計畫進行馬牛犁耕比賽大會。

他首先向大家公佈舉辦馬牛犁耕比賽大會，日期：本星期天將舉辦馬牛犁耕比賽。地點：瀓農莊南邊剛收割過的大豆田。

大會當日，幾個村落的民眾都扶老攜幼趕來觀賽，賣冰棒、賣氣球、賣飲料……攤販也聞風趕來做生意，宛若一場大運動會。會場附近樹影下早已準備一張茶桌和數把靠椅，將請乃父泰福伯觀賽，並派家僕到乃父起居室邀請，乃父不屑觀賽而總是句怠詞：「馬快牛慢是預料中事。」而不屑觀看，後家僕一次又一次邀求而他只好虛應一下來到樹下，坐上椅子，但仍不屑向賽場看。

比賽時精永駕駛約翰，丁長則駕駛家裡的大閹牯，約定不鞭策不吆喝而讓其自然工作，為了易明顯比照而駕牛的丁長在南邊，駕馬的精永則在北邊分開有段距離。比賽進行時馬拖得真是快，行雲流水牛則慢吞吞，馬翻過一大片田而牛僅犁翻一隅之地。

觀眾在歡呼馬勝利，泰福伯依然不將視線移到馬匹那邊去，家僕添丁說：「泰福伯看吧，馬犁田真是快，和人類跑步般快。」

「旱田裡當然馬快，但下水田呢，馬就一籌莫展了。」泰福伯依然不屑看一眼地說。

馬牛犁田競賽馬大勝，但乃父並未曾絲毫改變對他養馬的不滿。精永則人家把他的頭顱給剁掉，也不能改變他對馬的狂熱。於是他轉而進行騎馬的活動了。新埤庄裡有十二戶貸放養馬，他們都不是養來耕田或拉貨的而都是養來玩賞的。

他們養了馬便彷彿買了新車一樣老是想往外跑。同是養馬算是志趣相同而結為一個團體彼此互相訪問談談馬經且勤於問問人家何處好玩，他們時常一出門便十多匹馬馳騁於公路上有如萬馬奔騰煞是壯觀。

團體中有好幾位從未到過山後看看的，沒看過的地方就令人嚮往想跑去看一看，而嚷著快點出發。於是好天氣的日子時他們便從南迴公路馳往。山後的路遙遠，遠到讓人跑得真過癮，他們到玉里鎮宿一夜次日又跑回家。

他們有了馬時常一起跑東跑西，生活過得從未有過的快樂。當往山後回來不多日，團體中的長興、順良又發起騁往恆春之議，專跑遠程始能過癮，在恆春過夜當晚大夥喝到酩酊大醉。團體中的成員並非全都風流倜儻飽食玩樂，還有不少負起家務，唯有精永和打鐵村的林采雲因家裡為一個地主而倆都紈袴子弟，一切家務都僕人代勞而他便逍遙自在盡情地玩。他倆志趣相同，門當戶對而特別親密，每早不是采雲過村來招精永就是精永過村招采雲，然後策馬趕往目的地，他倆裝備不但一應齊全還裝扮十分豪華，儼然一位大將軍或馬師，騎上駿馬英姿煥發，雄糾糾令人羡慕。

說他們愛馬成痴，其實他們真正嚮往的還是騎上駿馬八面威風出盡鋒頭的得意場面。

精永還有一種過兜豬的習慣〈註二〉見友人的愛馬就想試騎一下過過癮。

「愛馬好騎嗎？試騎看看如何？」這是他見養馬的熟人時的第一要求，他接過熟人的愛馬試騎短短時間一趟便無限滿足了。

有一朝南岸村的同好謝招來到訪，他熱烈迎訝而發現謝某的坐騎巨大如山，真是一匹千里駿馬——他曾常和謝某策馬同遊，但在曠野裡未曾發現該馬的偉大。但在屋簷下的小世界裡他的呑人氣魄終擋在人前讓他嚇了一下，旋即又想試騎看看了。

「驍將搭駿馬，關公配赤兔馬，不凡的人養出偉大的馬，朋友啊，讚！能不能試騎一趟？」精永一見熟人的馬就心癢想騎趟過過癮。他看過無數駿馬，但從未如此動心過，試騎的慾望如火中燒，再也擋不住了。

精永的要求不禁令謝某難堪，因為他的愛馬脾氣極壞，外人騎不到。但婉拒又不好意思，若答應又怕鬧出人命，想加以說明後拒絕又怕他不相信，當猶豫不決時忽然想起：「他久經磨練馬術已精湛了，他必能讓馬服服貼貼順利駕馭。」他想到此竟糊裡糊塗地點了頭。

他一答應，精永便隨即穿起馬裝牽馬到馬路上，調整一下裝備而順利登上馬。謝某則一直注意馬的反應，看到精永把馬駕馭到服服貼貼不禁讚賞道：「師傅就是師傅。」

精永一聲「走」馬便開始跑，他胸有成竹打算朝南跑到村尾而到了外環道又掉頭往北跑，當跑到一條橫路又右轉而向東跑到了萬安與建功的分路又再轉往建功跑，正好跑過村莊一週而回到家陪客。耗費不超過十五分鐘。

他一到外環路一加鞭馬便飛也似地疾跑起來，其速度是他的約翰從未有過，他曾試騎過的無數馬匹也沒一匹能和牠比的。

該馬猛然賣力跑，他則享盡風馳電掣的快感，此時他想起關公的日跑千里的赤兔馬，也想到惡馬有惡人騎的道理。馬很快便跑到了萬安、建功的分路了，精永一時沒注意而該馬便跑進往萬安的路了。他一發現連忙想勒回，但一勒，牠便大發脾氣了，偏不回頭猛嘶吼，前腳一躍再躍令馬背成為懸崖樣背部直立再也抓不住，他掙扎不過一分鐘便被摔下了。

被摔下在地後他覺頭昏目眩，他坐片刻定神後便牽起馬到路彎一棵榕樹下休息。不料片刻便暈倒過去而給路過的鍾丁來發現。他昏迷躺在醫院四個月始甦醒，但已全聾手傷腳跛殘廢了。

註一、七面鳥：即火雞，因牠的臉由喜怒哀愁……七情的變化而呈現各色，故日人名之為七面鳥。

註二、過兜豬的習慣：豬畜都有人家的食物好吃的習性，當見到人家豬兜上的食物便偷偷猛吃。

二十、行善怪老人

精永摔馬重障成殘，兄弟分產，一朝天子一朝臣，丁長被解職了。丁長離職後舉目無親，只好租間屋棲身而幹起會社工維生。製糖會社農地萬頃無邊際四時都需要工人，荷起鋤頭就有工可打，幹會社工雖然工資少得可憐但也夠餬口。

會社工也有其社會和各種現象，每當上工時間工人便成群結隊浩浩蕩蕩出發，一出村門青春男女便開始山歌對唱樂而忘憂。

進入新社會的丁長始聽到許多名詞，所謂鴨母妹、溫州子、阿坤伯賣良心的……。鴨母妹為一位幹會社工的姑娘，她無論工作中還是上路時總是嘓嘓不休，除了她的嘴裡含有食物。溫州子為製糖會社鼓勵來台打工的大陸溫州人。阿坤伯為在會社農地專做工人生意的小販。

製糖會社為了培養工人資源而曾到大陸招募移民來台居住而在溫州募到三戶人家來台。一家給五十元旅費和八十元蓋屋費而他們便在萬隆村附近農地結廬居住。他們來台專幹會社工維生，為了賺一碗飯吃他們含辛茹苦，一切都求自給自足，其屋前屋背都種滿代替糧食的地瓜，養許多雞、鴨……希望積點錢打個基礎，打算永居台灣。

他們更渴望交個朋友，但他聽不懂台灣話，台灣人聽不懂他們的溫州話。反而惹來些無禮貌的小孩子猛仿他們的說話。他們來到萬隆村居住近一年了只和鴨母妹一個人結成朋友。因她聽懂的也嘓，聽不懂的也嘓，又勤做手語和身體動作交談，故與熟識的溫州女性十分親熱。

他們對交友望穿秋水，每當本地的工人上下工路過，那三戶人家的大小老幼全跑出來倚門向喁地望，他們都希望路人會進去向他們要水喝若要水喝便有交情了。有次丁長、松章、松田因天熱而進去要水喝，他們倒逢恩人一般歡迎而以好茶奉侍還親切一再留客，希望以後成為朋友。

鴨母妹也進去要水喝過，她去時女性不在家，由一個男人招待奉好茶請坐，不料她坐下喝茶時那男人竟張開一雙手站在屋門擋住不肯讓她出去，她以為他有所不軌，又只有她一個人，想撞衝出去但那男性一直把著門語言不通不知他要幹什麼，故怕得一直顫抖，怕到連尿都快泄出來了。

好幸不久屋主的女性買菜回來了，原來當日正好家裡老人家生日，主婦出去買菜男人在家，湊巧唯一的好友來訪，男人喜出望外，想以最禮遇加以招待吃飯，因語言不通，他又呆頭呆腦不曉以吃飯手語請她吃飯卻霸王硬上弓阻擋，讓她誤會怕得要命。

「怕、怕、怕我下次再也不敢了。」她脫身後餘悸猶存。

他們來台快三年，不料大戰將即時爆發，日本人以為他們是大陸人恐有通敵之虞故把他們趕回大陸了。他們想來台灣賺一碗飯吃，但到頭來一場空，他們不但沒積蓄一毛錢還在台灣共死去五個人，埋骨五具在台灣，揮淚離開台灣這個傷心地，不少同情他們的台灣人也流下同情淚。

每當工人們上工不久便聽到阿坤伯叫賣聲了：「肉粽、汽水、水果、花生糖……。」工人們在那裡工作，他的担子就挑到那裡，就在其附近樹蔭下擺攤，工人需要甚麼就找他的攤子。

他住永興寮，該寮也是會社為了培植工人資源而獎勵的本島移民，一戶給他們八十元建立新家園。只有三戶人家，為名付其實的三家村，小村四周都給高高的甘蔗園包圍著。阿坤伯單身生活，他本養牛維生，三條母牛，他利用甘蔗園農路上無窮草資源飼養。一條母牛一年生一子，小牛長大就賣。他就這樣快樂的生活有好幾十年而與世無爭。

他後來聽人家說，多做善事助人救人而當往生時便能做神做佛，或來生能獲得榮華富貴。於是把母牛統統賣掉而做起良心生意。天天挑起生意担子專心做賣零食給工人，讓工地添色彩和情趣。

他做生意不討價還價，而請顧客儘管吃，錢則隨意付。故有經驗的工人則自己動手取貨自己算算：「三塊花生、十粒牛奶糖、一顆粽子、哦，共××錢。」於是錢給放在桌上便跑了。有些新鮮沒經驗者取幾塊花生糖而問：「坤伯我取三塊花生糖二顆粽子共多少錢？」

「拿去，拿去慢慢吃。」他對沒經驗的新鮮人總是這樣答服。

有人預言坤伯這樣做生意絕撐不過三天，但沒一個言中，顧客中取了貨便悄悄溜走不付錢的有，照實付錢不欺人一文錢的又大多數，故意溢付盼望坤伯繼續做下去的人也不少，因為田園裡有個生意担子增進不少風情趣味。

坤伯也十分熱情，凡和他交關，除了婦女外必熱情邀請：「朋友呀，少年呀、老兄呀，能不能賞賞臉到柴門給我奉杯茶。」他一生都從未吹牛自大炫燿過，唯獨對喝茶，他以為潮州群轄下沒有一個人喝的茶比得上他而自豪萬分，無知有無知的好處，他因此自以為高高在上，自我陶醉，他能快樂活下去也是這個炫耀無知的力量。

因工頭戴西英和丁長都是常客，且喜歡和他搭訕，故彼此格外親密，一見面便邀請喝茶，有一天下午因工作幹過一段落而提早休息收工，西英揚起頭看到太陽還好高，於是邀丁長道：「坤哥的盛情難卻不以答訪一次倒大失禮了。」於是兩人便動身往三家村。

坤哥見稀客來訪喜出望外，立即招待入坐，他的住所是間不大的竹屋，裡面又是客廳，又是臥室，又是廚房，又是飯廳，沒有一把椅子可坐，爐灶是石頭砌起來的，倆進去後就被請坐臥床上而他則開始生火煮水準備泡茶，因灶沒有煙囱，一生火便整個室內瀰漫濃煙，他倆隨即被嗆到淚水汩汩流。

當茶泡好後三人便坐上矮瞪圍著小桌開始品茗起來，喝過一杯坤哥便問西英：「你喝到怎麼樣？」他以為他的茶是世上最好的茶，現在西英和丁長倆都嚐過了他的茶就希望讓他倆表示一下喝得怎麼樣。西英想誇讚他的茶是世界第一好茶，但因濃煙把他嗆得睜不開眼，舉不起頭，於是只好低著頭閉著眼，淚汪汪而高高伸出右手豎起大拇指以誇讚他的茶是世界第一好茶而令他萬分得意哈哈大笑一陣，殊不知客人被他的炊煙嗆得喘不過氣。

喝過三泡西英再也不能忍受下去了，他則還想再泡，西英便立即阻止道：「老兄，這樣已很滿足了，因為時間關係我們改日再來拜訪了。」

告辭後二人一路都肝悶肚氣不說一句話，當走出村莊後丁長始開口問：「頭子呀，你感覺如何？」

「很好！以後要早點來，被整得有夠慘。」西英熱情想和老友喝喝茶，談談心，誰知連椅子都沒得坐，還被濃煙嗆得要命。

會社在台灣的農地接近十萬甲，幹會社工維生的人口超過百萬，形成一個社會。常有可歌可泣悲歡離合場面。來台打工的溫州人到頭來一場空，當被日人趕回大陸前夕，一位和鴨母妹為友的溫州婦人來告別，她哭斷腸，因來台一事無成枉費苦心還折損一個親人和四個一起來台的同鄉。倆因語言不通那婦人只好一拜再拜以示以後再相會。

二十一、丁長和仁叔成為一家人

工頭視工人如親人，工人也會敬愛工頭如親，當工頭的西英因善待丁長等手下工人，丁長等工人也敬愛他。他們白天上工而當晚上的休息時間大夥便跑到工頭家有事則幫忙無事則聊天或行行象棋過得不亦樂乎。

西英是仁叔的妹婿，他來訪妻兄時曾聽過仁叔道：「家裡一直忙不過來，因以前的長工〈註一〉添飛辭工而跑往山後花蓮港投親去了，因他的堂兄開一家大旅社急需人手。他一走家裡便更為忙碌，你能不能找個長工的人選？」

大舅子一提他便很快想到了丁長，他以為丁長忠實，刻苦耐勞而且單身無家族牽掛，於是問丁長願不願幫仁叔工作。丁長同意，當晚就帶丁長登門和仁叔談條件。不料和同伴一起就口若懸河的他到場竟靦腆不說一句話而總是猛吸煙。

一再等他提條件都不敢說，仁叔因見他不好意思說，仁叔只好說起以前長工的慣例供參考：「以前的例子是月薪一石米、朔、望日各休息一天。」丁長依然羞於答應可否。於是大夥便轉而談天話家常。

當告辭回家到半路丁長便向西英說：「那麼明天開始上工好了。」次日丁長就開始上工和仁叔成為一家人了。當下午金月下學回家發現他在我家裡忙東忙西而大吃一驚，怎麼生疏人會到家裡忙東忙西。以前金月上下學路過精永的宅第前常見他無論甚麼大寒天他都僅穿一件汗衫，金月懂得他在精永家幫傭，不知他甚麼名字和他的身世，也從未來往過，幾乎彼此不相識。

金月次日始懂得他當起家裡的長工了，名丁長，金月懂得他是家裡的長工後便彷彿家裡來了一個哥哥似地，忽然躍上他的背而進行背人遊戲，高興到樂不思蜀。

丁長也視金月三兄弟如親弟，當他一空便和三兄弟玩成一團。丁長、仁叔名為同村，但從未往來而彼此陌生，當來到仁叔家後始發現仁叔、仁嬸的仁慈天下少見，他們視長工如己出，噓寒問暖，見衣服破洞便取去縫補，有食一視同仁，他小時雖有父母，但都非正派人物，沒享受過真正親情的溫馨。他到了仁叔家始享受到真正的親情，令他感動流淚而不禁向天誓言：「我要把仁叔、仁嬸視為親生父母鞠躬盡瘁死而後已。」故他不在乎什麼報酬總如自己的父母一般拼命幹。

當時香蕉的產銷尚稱正常，所謂的臨時線也方興未艾，漏夜採貨家常便飯，當採貨時靠丁長為主力進行採割和運搬，他短小精悍，可一以當三。

丁長立志以傭主家為家，服伺仁叔、仁嬸到老，仁叔則以男大當討而勸丁長早日成家。但丁長主張一生不娶，埋怨父母不做人，沒遺下一些立錐之地，而故意不娶，不傳宗接代，故他與跟仁叔打工的丹鳳、魁妹、成妹、阿真……等姑娘日在一起，晚也在一起，玩也在一起。但從未跟她們談過戀愛，只在一起快樂過日子而已。

丁長進了仁叔家便有如有了自己的家，有了父母一般享盡家庭的溫暖。仁叔終年都需要工人耕耘香蕉園，於是他便雇以前和精永打工的丹鳳、魁妹、阿貞、城妹……姑娘和秀中、日昌等好友打工幫忙。因此自精永馬禍後就很少一起過的工人朋友又重溫舊夢天天在一起了。此時秀中、丹鳳已熱戀中時時出雙入對。日昌則入贅於孫家已有妻室孩子了，總不能天天在一起。

青春男女之在一起，說他們在打工也對，說他們在戀愛也對。常常笑聲不絕或打情罵俏，他們的青春時光豈不會令人羨慕？他們每當晚上休息時間便聚集在丹鳳家做女紅或休息，總之他們日夜都在一起。秀中住莊尾、丁長住莊腰，丹鳳住莊頭，秀中上丹鳳家時路過必招丁長然後一起前往。秀中身材稍高，丁長身材稍矮，丁長總是向秀中談個不休，秀中則總是聆聽點頭，這樣的畫面幾乎天天可見。

丹鳳的父親沒有什麼恆產，母親便開間小店賣零食補貼家用，家裡安一盞大電火，而引來不少顧客前來買食或休息聊天。

丹鳳的母親屘姑很喜歡秀中為女婿，她見丹鳳、秀中出雙入對又不見他倆有再進一步的跡象不禁心急，而催促丹鳳道：「既然彼此都無拒嫌，就訂訂婚，免得夜長夢多。」她認為都年紀不少了，怕彼此有所變故。

其實丹鳳早與秀中提過婚事好多次，秀中也跟她說過好多次；謂亂世，大戰已難免，一但大戰爆發自己必被徵召上戰場，屆時生死難卜，常成為一場悲劇。丹鳳認為他的話有理而不再提起了。但屘姑還時常催促嘮叨，丹鳳向她解釋什麼「亂世」什麼「徵兵上戰場」她又不了解，於是丹鳳只好耳朵裝聾了。

他們結夥勤奮打工，當附近學校舉行運動會則放假而一起前往觀賽，逢馬戲團來演也必放假一起前往觀賞。

姑娘中阿貞最常發起去何處玩，她有次發起一起去東港東隆宮燒香之議，東龍宮很早以前就香火鼎盛。日本人計畫徹底消滅台灣傳統宗教，而東港街有力人士合力阻止東龍宮才毫髮無傷，依然矗立於東港街上。於是有不少人慕名上壇燒香。

談到上壇燒香他們的心情都很清靜，不過他們燒香外還要上街買些新衣和化妝品，還觀光海濱和漁船。

當時日軍的演習日益積極，天空上飛的戰機也日益增多，十里外的樣子腳軍機場每到六點就開始發動飛機了，安靜的早晨其噪音竟清晰地傳到十里外的建功。它如向民眾報時一樣，時鐘未曾普及的鄉村聽到飛機發動聲便知道已六點鐘了。

屘姑老人家習慣早起，她聽到飛機發動了而未見丹鳳起床便急趕她起床，丹鳳連忙煮飯燒菜洗衣服，吃過早飯，上工時間也到了。

他們過去在香蕉園幹活天空總是安安靜靜，但此時整個天空都見飛機在穿梭演習真是印證了劉伯溫預言五百年後的世界：「天上架銅橋，蝴蝶滿天飛。」的景象。

演習的戰機有時編隊低空飛越而過，令人震耳欲聾。日昌見滿天演習的飛機便道：「日本將進行打世界囉！或許將來我們會到領地做官也不一定。」世界上有不少人不以腳踏實地以求成功，卻希望世界有個大變故能佔上便宜，卻沒有顧慮到在這個大變化中自己還是親人會受遭殃。

「大戰一爆發香蕉事業就完了，將貨棄於地，所謂的臨時線這一名詞也將成為歷史，香蕉再也不用種而只有廢耕一途了，不一定我們也被徵當兵去，屆時做官的沒份卻遭一場浩劫。」丁長道。

「你怎麼知道？」日昌問。

「我在精永哥家裡幫傭十多年了，他學問深眼光遠，常提起過。」丁長說。

大夥一邊工作一邊談論，不覺收工時間到了。

註一、長工：家僕多替雇主做家庭輕重瑣事，長工則替雇主專做田裡的工作。

102.12.19梅

二十二、二戰爆發

昭和十六年十二月八日，丁長、秀中、丹鳳……他們與過去一樣在離村好遠的一塊香蕉園工作，頭頂上依然滿天的戰機在演習，將快十點鐘時忽然響起警報，其聲急起急落十分倉促與防空演習時的警報大異其趣，令人緊張不安。

頭頂天空上正在演習的戰機也應聲而甩頭直回機場急降而下，一時天空上再也不見一架飛機，於是整個天空靜悄悄。到底怎麼回事他們伸長脖子四望看看還有沒有飛機在飛，他們也曾揣度或許大戰已爆發了？

當收工回家一踏進村莊便見青年團的喇叭手鍾嶽華穿起團裝正站在廟堂圍牆上吹緊急集合的號角，一問之下始知二戰真的爆發了；從此台灣便進入戰時非常時代。

日本一開戰便進攻菲律賓，勢如破竹，不久便僅一處最後據點馬尼拉在殊死掙扎。日軍為了盡快完成佔領而佳冬機場的轟炸機負起轟炸任務。為了臨時補給大量炸彈便徵召民間的牛車搬運炸彈工作。

仁叔有牛、有牛車，很快便收到奉仕作業〈註一〉的通知單。次日就出發，牛車由丁長駕駛，牛車隊由二十輛車組成，七點就到社邊火車站接貨而一輛裝上三顆二五〇公斤的炸彈運到佳冬機場，一日一車次有時二車次。炸彈則通常以火車漏夜把它運到火車站的。

但有一天不知什麼緣故火車並未把炸彈運到，丁長等車伕們放料給牛吃而一邊等候。不料等到中午火車仍未把炸彈運到而又再等，當等到太陽快下山了貨始運到，他們連忙把貨裝上牛車時天已黃昏了。

當日曾下過一陣毛毛雨，雖然路面不致泥濘，但塵土易黏上車輪而產生阻力增加牛的負荷，路面沾濕也不易反光，天黑路黑不易辨認，因阻力增加，每條牛都不勝負荷，拉到吃不消。

牛都有一種習性，每當拉到吃不消時便進行大小便以求休息喘一口氣，養養命。湊巧押車的士官不知什麼緣故在火車站時竟選上丁長的牛車坐上。

士官因時間失誤而十分著急，又因他全然不知道牛畜大小便都站立著的習慣，故每當牛大小便車一停他便大怒吆喝：「走、走、走、快、快、快……。」

但牛太困乏了，依然走幾步又大小便，走走停停而他竟誤以為丁長在刁難反抗，丁長不懂日語，以台灣話加以說明卻被以為和他對抗而氣得拔起軍刀好幾次。

好不容易載到了機場了，當交過貨後已快半夜。貨一卸車隊便下班，居住附近較熟路的車伕各走各路很快就不見了。丁長和同鄉謝連喜的歸途最遠，遠在北方二十里外的建功，倆都不熟路，天黑路也黑，又不見行人可問，而走這邊不對，走那邊也不對，總走不出圈圈。連喜說：「我的閹牯老馬識途乾脆讓牠自己走帶帶路。」

閹牯就帶路從容地走，不料半小時後竟發現人車都已在一片河床中，在河床中他們走這邊無路，走那邊也無路。仰首看天，天黑一顆星都沒有。四望也少見燈光，總難分辨方向和所在的位置，而且人困馬乏，時間又進入凌晨一點多鐘了，而到處漆黑。

「牛跑過一整天了乾脆這裡過夜讓牛歇歇腳，當黎明時我們再走。」丁長提出紮營之議。於是就在沙岡上停車解軛再集一堆草點燃生煙驅蚊，他倆打算睡在牛車底下可避風抵露。

丁長把一切安排好後便提桶到附近找水喝，想順便拎一桶給牛喝，但不知時序進入旱季了，河川依然在但都乾涸了，再也找不到一滴水。

倆躺進牛車底下想睡一下，但蚊蚋多心又煩，總睡不著，倆人只好坐在沙岡上吸煙聊天。

「人生什麼事都會遇上，今天一切都不順遂，等貨等了一個白天，又遇上毛毛雨，又險些給押車的兵子修理，又迷路難以脫身，今天有夠衰。」丁長長吁短嘆。

「時局還不知再變到怎樣，誰勝誰敗難以意料，不過一場痛苦和災禍免不了。」連喜說。

倆人談著談著，在靜夜裡忽然隱約傳來一種令人不相信的聲音，連喜豎起耳朵諦聽。其聲由微而顯，好像有牛車由遠而近，「奇怪，荒山野地，三更半夜怎會有牛車來？」連喜想不透而再繼續諦聽，果然是有牛車來，牛車聲伴著黃牛頷下裝飾的小鐘聲「叮叮噹噹，句句可可」啊，不錯，確是一輛牛車，於是倆人立即跑到牛車路旁等候。

看到牛車一走近他倆便打招呼：「朋友呀，這麼勤奮忙到半夜啊！」

「唉喲，你們半夜還在荒山野地，有什麼要事？」野地半夜忽然有人出現該車伕吃了一驚。

「我們是奉仕作業的車隊，因忙到太晚始下工而夜已深了，人生路不熟竟闖到此荒山野地再也找不到出路……。」連喜道。

「我們現在的位置為大餉村東方的河床，西南邊可見到幾盞燈光的地方為水底寮村，你們從這條牛車路往南走就能接上往水底寮的庄道，到了水底寮你們上公路便容易到貴故鄉了。」車伕向他們說。

黑夜中三人在交談只能聽聲而看不出長相。「我有塊地在河床北方種著地瓜，我是下午載肥料到地瓜田裡，當把它處理好後天已入夜了，於是決定乾脆睡在田舍裡。不料今天的蚊蚋特別多，我以草煙驅也驅不盡而牛兒總站不住，而被咬到受不了，只好漏夜上路趕回家了。敝人家住新開村，名謝福修，有時間光臨玩一玩，再會吧！」說過他又策牛上路了，其牛車一動其牛頷下的飭鐘又悠閒地響起來了。

那謝恩人上路後他倆也駕起牛車按其指示的方向走，果然抵達水底寮，水底寮在公路傍有公路就不再迷路了。倆就朝故鄉的方向而讓牛慢慢走，當回到家時已快黎明了，主婦們都在做早飯了。

不多日後馬尼拉便完全淪陷了，牛車隊暫時停止奉仕作業，丁長認為可能是我們趕運的那些炸彈立了大功。

牛車隊不過停工三天，丁長又收到了「農務員」〈註三〉的徵召令要到左營正日以繼夜趕工的軍港工程服勞役，據過來人描述，那邊吃不飽，殘酷迫使工人趕工，缺水洗澡以軍事生活管理……宛如煉獄。

為了減輕飢餓之苦，役男出發前家人都趕做糕子板〈註三〉準備讓他入營時隨身帶去，一箱約百塊，讓他在服役時一天吃一塊止飢，百塊吃完了役期也滿了，得以有命順利返家。

仁嬸也趕製一箱糕子板，據說在工地理髮也十分不方便，故丁長也把頭髮理光，出發時一箱糕子板一箱衣服，一包盥洗用具，氣氛又瀰漫陰沉場面真如出發充軍一般。

他分配到移山填海的工程單位，以鶴喙挖山，畚箕盛土裝上台車搬到海灘填海築港，工作十分辛苦賣力，但他從小百經淬煉，他尚能應付。

註一、奉仕作業：似義務勞動，但尚有似有似無象徵性的工資可得。

註二、農務員：日政府徵召役男的計畫，沒唸過書，不識字者留在國內務農或服勞役者稱為農務員。唸過書具多少學歷者則徵召為兵員或軍伕而到海外。

註三、糕子板：糕子板為民間普通自製的食物。以糯米微炒後磨粉再拌糖下蒸，蒸熟後切成菱型小塊。可儲藏上年。

二十三 /

已妹返鄉

二十三、己妹返鄉

大戰爆發約半月，旅居新加坡的己妹忽然返鄉，一肩行李，身邊一對子女。她二十年前嫁給佳冬村的林祿慶。林家家族從大陸廣東移居來台，祿慶之父林興則不願來台而獨自跑到新加坡謀生，他發現新加坡好生活而老是寫信催促整個家族一起移居到新加坡，於是祿慶等整個家族便移居該島定居了。

家族移居過去後便向當地政府承租二千甲國有地墾為橡樹園生產橡膠。現代工業發達，對橡膠需求甚殷而新加坡又是世界唯一的產地，因此橡膠的售價日益攀高供不應求，祿慶兄弟發了大財而在該地蓋起連雲大廈，享受帝王式生活。

不料好景不常，日人垂涎當地橡膠而早把侵略的箭頭對準新加坡了。大戰前夕該地早已人心悽悽惶惶，殖民的英人恨死日本人，竟把僑居的日本人統統驅除出境，連被殖民的台灣人也被認為日僑而同樣加以驅逐。祿慶家族的大廈和橡膠園全被充公。祿慶也遭受當局認為是日本間諜被抓而不知送到什麼地方生死不明。

己妹她和小叔酉慶等家族驅逐時坐上商船先到中立的泰國然後轉往東京再回台灣。這樣轉轉停停竟費去二十多天時間，大戰也在此時間爆發的。

己妹回鄉後就住在娘家，而娘家一向都清寒，為了避免坐吃山空，她打算將一對金介子賣掉作為暫時的生活費，她休息訪親一段時間後便想打工維生。離鄉久了，後輩們都彼此不認識，尤其在高壓、奴役、愚民政策下的台灣有幾個民眾聽過新加坡這個名字？故她的返鄉有如天方夜譚。

己妹為仁叔的姪女，她時常過門看叔父，叔姪一起她便常談起在新加坡的往事。她說：「當我們要離開時，唔，那些紅毛人以胖鏡一直照、一直照、恨死了。」她是說被驅逐時，搭船要出港時英太平洋艦隊的官兵正以望遠鏡一直往東方海平線一直望以警戒日機偷襲。

她並未曾生育，女兒瑰花是橡樹園打工的工人嬉戲的結晶，生下就把她丟掉而她就檢來收養當女兒的，她完全是漢人血統，鵝蛋臉，身體豐腴，皮膚白皙，本是麗質天生而又過著帝王般的生活，婢女環侍下長大，因此其美足能閉月羞花形容。兒子名安祥，他也是工人生下就丟棄而她撿來收養的，他純粹是個西洋人血統。

休息過半個月對環境熟一點後她便開始進行打工，荷起鋤幫人家鋤草，她以為難不倒她，認為我從前在家鄉時都過著打工生活，有什麼問題？卻沒想起自已享受過二十年的帝王般生活，水來伸手飯來張口沒曬過太陽且早已手白腳嫩了。她打工一經曝曬太陽便頭昏目眩，幹過一天下來便困乏如大病，手腳也長滿水泡。但為了餬口又不得不幹，幹過幾天終於病倒了。

她剛返鄉時住在村腰路邊的魁嫂看到瑰花美若天仙，竟想到南洋當軍夫的兒子世麟已成年了。她以為世麟十八歲瑰花十六歲，若有緣配成雙我再滿足沒有了。

魁嫂早喪偶，生有二女一男，長女已出嫁去了，次女從小出養當童養媳，當世麟離鄉後她便獨居一幢小型四合院過著孤寂生活，為了減輕寂寞而做起小生意。但每都賠本而又不願收攤，故一曝十寒地又做又停。

她獲悉了傳聞:「己妹太可憐了，一勞働就生病，還要養孩子，處境實在可憐……。」她便想起，我的家宅院多空蕩，若請她一起住，我便不寂寞了，經不起勞働就做生意，我也有店面，瑰花也能時時在我身邊，日久就能培養出感情，有了感情世麟和瑰花的婚姻便算成功一半了，或許將來真正成為一家人。

魁嫂過去本有樂善好施的美德，她決定後感到此事對己妹有很大幫助，為了不致錯過機會，故急著親自往訪邀請。此時己妹未完全康復，還在床上休息。她對魁嫂的忽然來訪大感意外，對她的盛意千恩萬謝。

她搬過去後便和魁嫂賣起板條和紅龜板，瑰花則店裡幫忙，非常時代缺米、缺肉、缺糖。但生意也不錯，發財不可能，但餬口的足夠。

年幼無知，年齡八歲的金月，當己妹返鄉始知有個堂姊旅居新加坡，也始知新加坡這個名字，也對該地不禁十分嚮往好奇，每當己妹來訪談起往事時，他都無不聆聽出神。

民眾也對該地瘋狂嚮往，因日人早計劃必取該地的決心而大肆渲染該地的重要性和富庶，宛如天堂以鼓舞士氣令民眾嚮往將來到該地開發或做官，被統治者將搖身一變為統治者難免振奮。己妹來看仁叔和其家人時最常聊起他們在新加坡的生活往事懷念遭英國政府充公的家園和一望無際的橡園，也談起橡園的打工的工人，和那邊的風土人情，也談到馬來虎……。

她說所經營的橡園有二千甲，一天平常百人以上工人上園打工，而當星期六領到工資後星期日他們就不見人影了，他們將所賺的錢加以揮霍，花到精光始願再幹活。工人男男女女之在一起便嬉戲玩耍，當有了愛情結晶又不想養而一生下便把他送人家，甚至把他丟掉此情形時有所聞。

她說有個年青男性工人花錢花到走火入魔，人家星期六領錢，禮拜天花錢。但他星期六當夜就把所領的錢花得精光，無錢就有腳無路了而十分無聊。於是想，有腳走無路或許我禮拜天繼續上工，既有工資收入也解無聊，於是向主人志願道：「我禮拜天不休息，將上園採汁。」

橡園平時工人熙壤，人聲喧囂好熱鬧而深山的老虎不敢出現，當禮拜天工人休假了橡園便一轉為靜悄悄鴉雀無聲而深山的老虎便想下山遊蕩和覓食了。一片廣大的橡園裡只有一個缺錢的工人獨自孜孜不倦地在進行採汁工作，老虎見單人可欺便躍身一撲而把他咬住了。

老虎和貓一樣習性，當抓到獵物時不把他立即吃掉而想把他玩個過癮後再吃掉，於是老虎便想把他含回深山玩，在深山裡大快朵頤。牠含回山中一處河床便擱下想玩弄一陣後始慢慢吃。

牠將獵物擱放於空曠河床，然後跑到不遠窺伺靜候，當見獵物稍掙扎還是想逃時他便飛也似地跑回咬上一口，然後又回原地窺伺靜候，虎貓都具這種習性反覆將獵物弄到快斷氣始把他吃掉。

工人雖已遍身鱗傷但頭腦尚清醒理智，他懂得老虎有個罩門是在其鼻端。他經玩弄被再咬一口後便靜悄悄拔出採汁刀等候，當他再撲來時便對其鼻端一刺而正中，牠中刀後猛吼血流如注，掙扎好一陣後便死了。

工人掙脫了老虎口，但身已重傷不能移動而在原地呻吟掙扎。工人的家人見入夜了他上園幹活未回便料到情況不妙，以為或許給老虎吃掉了，於是招集鄰居，親友提燈進入橡園邊找邊喊，橡園找不到便入山找，終於找到了。但工人已奄奄一息，經過治療後竟撿回一條命。

魁嫂視己妹如姊妹，也視瑰花、安祥如己出，一家樂融融，魁嫂不再寂寞了。時代破壞了家庭也創造了家庭。她更盼望戰爭早日結束，世麟早日返鄉和瑰花結成連理，親上加親瑰花成為媳婦。

她認這樁巧遇香豔快事曾心裡抑不住而寫信告訴世麟好多次，但因亂世總是石沉大海。

二十四、防衛團

丁長到左營築港工程服勞役，一百天期滿返鄉不過一個禮拜又收到防衛團的徵集令而加入了村裡的防衛團，該團為大戰時始創立的。其主要職責為當敵人登陸或空襲時疏散民眾或救火、救災、助警治安或通訊聯絡……等工作。

上司任命一個部落會長掌管村裡為數上百的青年團、防衛團。賦予極大的權利，有如部落酋長，撮爾小國的國王。

他們有時也幹起清理環境……等工作，把村裡的髒亂死角清理到耳目一新，也將一向閒置的空地闢成好幾處小公園。有時還舉行演藝康樂活動……。總之日人有意把防衛團對國家有效力、有組織、有文化的團體。此時日人積極進行防空演習。當演習時團員全體召集而演練救火、指導民眾疏散，沙包滅火、打火把打火、接力提水救火……。日人也顧慮到將來敵機空襲時電力遭破壞不能以電力發警報時便用防衛團奔跑通訊方式發出警報或解除警報等工作。故每個村落都配給一輛二十六吋的腳踏車供作通訊交通之用。

因此每一村落必須派一團員到派出所當值，當值的團員採用輪流方式，每一團員都會輪到。當派出所接到警報、電話，當值者便跑回村裡報告而會長便再派人手持傳聲筒從莊頭邊跑邊喊：「現在空襲警報請民眾注意掩避——。」這樣跑遍莊頭莊尾或大街小巷。當警報解除時又喊：「現在警報解除請大家安心上工了。」

防衛團自成立起就進行派員上派出所等候上司的指令或有無什麼警報。因整個庄只派出所有電話。團員則輪流當值派出所等候指令或發出什麼警報。村裡到派出所來往路程約二公里路，必經一段陰森森的樹林，當賴發祥當值走經那段路程時，因他胆子小而必哼起歌以壯胆。有一夜他經過時正好一群年青人，孔郎、長興、運水、福緣……等數人在馬路上散步，當走近那段路時，聽見似有人迎面走來，且隱約聽見歌聲。

孔郎聽過發祥胆子很小，每當經過樹林那段路時必哼起歌壯胆的傳聞——他們都是十七八歲的青年人，當兵當軍伕的年齡未足。但不斷徵召什麼愛國青年團、報國青年團、青年精神教育團……其實都是徵召服苦役，他們服滿返鄉不多日又再徵，總是徵召不斷，勞役再服也服不完，青年人只是幹苦活，沒有什麼遊樂活動，身上又沒錢……心情難免單調無聊，甚至想搗鬼為樂。他們在郊外馬路走著聊著，耳尖的孔郎忽然聽見相對的那邊好像有歌聲傳來時：「啊，大概是發祥，他輪到當值，當通訊員吧。」他判斷。

此時將近午夜了，天氣情朗，有星無月能見度不遠。但夜靜聲音清晰而傳到好遠。

「嘿，發祥來了我們給他玩一頓如何。」孔郎慫恿大夥道。

他們都志趣相同，大夥兒未曾說過好不好便一湧而鑽進路邊蘆葦叢裡，旋踵果然發祥騎著腳踏車，哼著歌靠近了，此時孔郎便率頭裝狗一般四腳走路而一個緊接著一個成個蜈蚣陣爬上馬路，發祥一見嚇得大叫一聲便連車帶人插進路邊大圳。他人並沒重傷，但受驚嚇到胆都爛了，腳踏車也撞到前輪都彎曲了。

發祥遭嚇後臥倒床榻呻吟終日胡言亂語，當時缺醫缺葯束手無策，老輩們都說：「鬼嚇人有法治，人嚇人無葯醫。」可見人們對他的遭遇都認為不樂觀。不得已只好扶乩問卜，服服草藥，竟痊癒康復。

他康復後指認惡作劇者為孔郎、運水……好幾個無聊青年，而警察便把他們統統抓來罰跪一個禮拜。

三餐吃飯時間都是仁叔、丁長一家人閒話家常的時機，丁長在外面聽到的、看到的都在這時和仁叔談起，小小一個村庄卻鮮事不斷。

「唔，二妯娌又再吵囉。」丁長告訴仁叔。

居家鄰近的生嫂、海嫂幾乎天天都吵架一次或二次，他們吵架都在其屋前路邊約距一丈間相對立著舉手劃腳，發天咒事彷彿在演戲一樣，不過從未打架，她們每次吵架都引來大批人群圍觀，令單調的村莊生色不少，他們妯娌若一天不吵架村人便覺單調無味。

「闕久王又回來了。」有次丁長又告訴仁叔。

「這個人唸書念到成為書獃子了，行為背離常情幾乎沒人性了。」仁叔說。

這個久王負笈日本早稻田大學，每當暑假便回台返鄉，當這次返鄉時竟發現一向不曾令人注意過的，乃父母所收養的妹妹竟長得亭亭玉立，沉魚若雁，天仙化人，令他從來對女性未曾如此激動過，於是向父母要求道：「迎春長大了，光住在落後的鄉村不看看世面，唸書求求知識……實在可惜，我假滿時順便帶她到日本內地同住並幫我燒飯洗衣服一邊求學唸書如何？」

做哥哥的曉得愛妹妹，幫助妹妹父母都欣然答應並吩咐在外必須好好照顧妹妹。

當久王的假期滿動身回日本時便帶迎春一起去，出發時迎春完全日本婆打扮，她穿上豪華的和服更顯婀娜多姿，真是錦上添花，引來不少村人圍觀。不但男性發出充滿羨慕的眼光連婦女都嘖嘖讚賞：「迎春好美喔！迎春好美喔。」

久王則穿著西裝兄妹招搖過市，走上就近的公車站。人都離去快半小時了，圍觀的人群還留連羨慕依依不散。

不料，不到十天，人家的心靈中還在羨慕她人美命也美的她竟隻身從日本跑回來了，而全身嫩白的皮膚上都紫一塊青一塊。乃母和親友還是外人問她「何故弄得如此」而她總是閉口不說。父母寫信問久王為何妹妹弄到一身瘀傷。」但他的答覆為「不聽話，不好教。」

丁長最常談起的可算是會長，隊長等打人事件，小小一個會長，隊長竟賦有無限權力，常把團員打到半死，甚至情緒不佳時亂打人，團員們困獸之鬥都醞釀想以牙還牙，暴力報復。

「一個下午，番薯發首先發難，這麼巧警察正好此時抵達，番薯發被警察搓到險些便成粉末。」丁長的話無頭無尾。但仁叔已耳熟能詳，一點便萬事通。——這個番薯發人小腦筋遲鈍，他最常被隊長殘酷處罰，令他懷恨在心而決心當再受到處罰時就狠狠地加以報復以雪恥洩恨。不料恥未雪卻險些送命。

政府紛紛招募軍伕，不少青年人響應，日昌躍躍欲試，由於他的體格好，又具有國校學歷，二來看到軍伕的人家每月都能收到數目可不少的銀單〈註一〉無限引誘。當他上高雄應試檢查身體時村人都料及他鐵定及格的。不多日他便動身往海外當軍伕去了。

丁長和秀中則對當軍伕毫無興趣，從未想過當軍伕這回事，政府對軍伕人員的需求一向都招募取員不用強迫。他倆以為當防衛團在家鄉尚能和丹鳳等姑娘們玩在一起，工作在一起，樂如神仙，世界在大亂而我們則過著歡樂的日子，再好也沒有了。二來丁長不識字也無學歷，政府不採用，縱然想當軍伕也難得如願。秀中則具有學歷，但不願和丁長、和姑娘們離開生活。

註一、銀單：即現代的匯票，當軍伕每月家裡都可收到數目可觀的銀票。

二十五、新加坡陷落

日軍把菲島佔領後侵略的箭頭立即指向新加坡而把英國太平洋艦隊消滅後，便進行登陸新加坡，該島不但為戰略物質，橡膠的重要產地還扼守著太平洋重要航道，日本人志在必得。

一登陸政府便大肆宣傳報導日軍英勇無雙所向無敵的戰地情況，勝利可期……。民眾也因日本自甲午戰爭以來連戰連勝而致誤以為勝利為日本的專利，日本這次遠征該島便認為一場大勝利又擺在目前了。故熱烈喝彩加油聲嘶吶喊。

同時政府各機關大門也積極趕工搭建牌樓準備大肆慶祝該島的陷落。其規模，其激昂程度有史以來未曾有過。學校裡早已流傳：「當新加坡攻陷時每個學生都將犒賞二個麵包。」學生們聞訊雀躍萬丈，宛若過新年接紅包一樣，還盼望早日把該島攻陷。

舉國都渴望把該島早日攻陷而終於盼到了，從前線傳來消息：「最慢明天午前就可把該島完全佔領。」引起舉國歡呼狂歡。

防衛團則早就製成百支竹筒炮〈註一〉準備大肆慶祝，當日全體召集而分駐在郊外四週，每組數支炮，打算一獲陷落消息便一齊放炮，讓其能響徹天空，震撼全世界。團員們個個都十分激昂，手癢預備放炮。不料快快樂樂出發卻等得怨聲載道——當正午過後陷落消息還杳然，而又再等。

當日正好強大寒流來襲，丁長他們一組人分駐在村莊東邊一塊空田裡，因空蕩蕩沒什麼地物遮擋而北風總是颯颯不休，每個團員都凍得鼻涕汩汩流。

組員張霖發，他帶有喘哮宿疾，每當寒流來襲他便習慣在屋前空地燃柴取暖。因此他值班受凍了也曉得集柴生火取暖。

「啊，我們真是一條大番薯，早不曉得生火取暖而讓身體挨凍。」發詳、進福、萬發……等異口同聲而湊近參與取暖。

大夥便圍坐取暖邊談，要吸煙就取柴點燃。

「這樣不錯吧，有菸吸，有話談，有火取暖，世間再好沒有了。」張阿榮說。

「若有玉米，地瓜下煨，大夥邊吃邊談更好哦。」孔詳珠說。

「唉喲，我田裡種有玉米，我去採。」鍾慶雲說著動身上田裡去了。

玉米採回後他們便邊燒玉米邊吃邊談，時間很快過去，不覺太陽快下山了，而消息依然杳然。

「天色已晚了，我們不知還要等到何時，我們或許分為二組。一組人看守，一組人先回家洗澡，吃飯，然後再輪到另一組回家洗澡，吃飯。大夥意見如何？」阿榮提出辦法而全體都同意。

當輪到了丁長回家時，仁嬌早把澡水燒好了，晚餐也做好了。丁長匆匆洗過澡吃過飯又回崗位去了。

金日、金月、金星和鄰居北星則同在家裡一直等待陷落消息。吃過晚飯又再等，等到不耐煩，金日招道：「我們打牌，邊打邊等如何？」於是四人便在床上打牌。邊打邊等樂而忘我一直打到深夜十二點。此時大夥都睏了，於是都不耐煩地躺下說：「哎喲，唉喲。」而躺下休息。

他們三人一躺下很快就進入夢鄉，惟獨善感的金月一直眼睛晶亮睡不著，外面天寒地凍，人家早已躲進臥房避寒了，整個村莊寂靜一片。

金月擔心外面則天寒地凍，尤其在空蕩的田裡北風咻咻中，在守炮的長哥等等他們現在不知怎麼過夜。他一直睡不著，認為已凌晨了還毫無消息，難道敵軍扭轉了局勢返倒咬一口而勝利無望了吧！

嘿，並不如此，二點鐘時四方的砲聲居然猛烈響起來了。但因天氣寒冷而又在深夜，竟完全出乎想像中的以為民眾一獲悉該島陷落則必狂歡如醉的情形。勝利的炮聲並未引起民眾從睡夢中爬起瘋狂慶祝。村裡依然靜悄悄。

守炮的團員們都凍得要命，身體總是發抖，一獲陷落消息便草草猛放炮一陣便瑟縮著身體匆匆收拾而各自回家了。計畫當一獲悉陷落就要瘋狂慶祝一番的構想卻雷大雨小。

丁長回家一路經過所見，村裡冷冷靜靜不見一個人，回到家裡也一片靜悄悄，連一直睡不著，想等等長哥回家的金月也睡著了。

次日天一明，當值得通訊團員便持著傳聲筒大聲邊跑邊喊：「新加坡陷落了，大日本帝國萬歲。」從莊頭喊到莊尾，又從莊尾喊到莊頭。金日三兄弟高興極了，學校將每個學生頒發二個麵包，且連假二天。當日各機關都盛大慶祝。學生、壯丁團、男女青年團、防衛團……等都集合在學校操場聽庄長高橋的慶祝談話。

日本侵略該島大勝利後，金月的老師時常在課堂上讚揚日軍將士在該場戰爭的英勇並表示敬意，也時常勉勵學生認真讀書，勤奮鍛鍊身體將來長大後到新加坡為國家打拚……。

該島的陷落各出版團體也猛發行該戰役的繪本，有如雨後春筍，一時洛陽紙貴，有一學生帶繪本到學校給同學看，金月看過十分感動。認為長哥那麼疼我，他又會騎車也時常上街購物，我若請他買二本給我則他一定答應的。

當發現丁長牽起車又要上街時，他便跑上前拉住其後坐：「長哥，你到街上市場順便上書局買二本繪本回來給我吧！繪本為約七寸寬，一尺長的書，裡面有兵子帶鐵帽，有刀有槍那種書就是了。」他懂得丁長為種田人，又不識字，故跟丁長說得甚為具體易懂。

丁長十分疼愛金月，無論金月要求什麼若能做到的他都答應。當他去後金月返身跑進客廳守候著時鐘盼望時鐘走快一點。當時鐘一指向十點，他便跑到馬路邊等候，他一直等到將近十二點始發現長哥從遠而來，他樂得：「長哥，長哥。」而奔跑過去迎訝。

「長哥，有沒買到繪本？」金月走近便問。

「買三本」丁長說。

「喔，很棒，很棒，萬歲萬歲。」金月雀躍歡呼。

不料，丁長出示一看，它並不是繪本而是三字經讀本，一種小書，而且三本書都同一版本書。

「唉喲，不是這樣的。」金月一見立即垂頭喪氣。

「買錯了？明天明天還要上街，我再買。」丁長見金月失望便安慰他。

由於丁長未曾唸過書，根本對文具行與書局不曉分別而闖進文具行買繪本。該店因有一位有志之士憂心中華文化遭毀滅而編篡一種別開生面易看易懂的「三字經讀本」託店主推銷。

當丁長問：「有沒有賣繪本？頭家。」

「有，你看，買幾本？」店主出示該讀本而問。

「繪本不是七寸寬一尺長裡面有畫人，有戴鐵帽、荷槍……的嗎？」丁長見所出示的畫與金月所描繪的形狀大相逕庭起疑問道。

「這就是，絕不會錯。」店主實在強迫推銷。

丁長不識字，對文物方面一竅不通，當人家一詭辯便無言以對了。於是半推半就買了起來。

該書以片假名注音。例如，人之初，性本善，它就註成：ギンチイゾオジェンプンシェン。

次日丁長再上街便上書局買繪本這次買對了，一本為「蝴蝶之夢」，描述一對蝴蝶夜宿花叢而做起雙雙飛奔月球參觀兔子在杵米遊月宮的做夢過程繪本，另一本為金月所渴望的「新加坡陷落」繪本，描繪日軍渡河進攻和英軍舉白旗投降……激戰過程。令金月喜不自勝，一看再看，百看不厭。

註一、竹筒炮：以竹材為材料、電土為燃料的土製鞭炮，將其灌水點燃便發出巨響。

二十六、娘子軍

男性多被徵召當軍伕到海外，或服勞役或當什麼什團……而致種田的勞力極端缺乏。丹鳳、魁妹、阿貞……家裡都種有一塊田，種田人家當插秧或收獲時總不能單獨自己一人就能完成的。想求人幫忙也無處求，若不設法應變則田地將荒蕪無疑，生活將無以依靠。

丹鳳……等大夥都意識到事態的嚴重。史上未有過的事居然發生了，認為我們非組成一個娘子軍守望相助，互助合作。當插秧時大夥互助完成插秧，收獲時大夥一起互助完成收穫……。

不少姑娘聞訊紛紛要求參加，於是娘子軍便以十位姑娘組成。缺工是舉國普遍現象，村裡幾乎家戶都缺工，當插秧還是收穫期要求娘子軍幫助的人家無不絡繹於途。說她們來雇工，其實她們都是前來要求支援的。

娘子軍成軍的目的旨在互動合作共同進行插秧或收獲以度缺工的非常時期。但一般人家家中男性都跑光了，有錢都雇不到工人，故都爭相請娘子軍幫忙。她們在盛情難卻下只好能做到的範圍就加以答應，因此她們終年忙個不完，天天都在賺錢。阿貞當然地當了其中會計——阿貞天資聰穎凡事過目成頌且擅長書寫和計算。早以前一起幹活偶遇需要紀錄還是計算等工作時，伙伴都全推到她身上。

這次她當會計，伙伴大夥都未曾想過誰當會計好，意識裡早懷著「阿貞是我們的會計」阿貞也未想過誰當會計好而意識裡早懷著「我是會計」。因為伙伴裡沒有一個會書寫記帳，她也未曾想過推辭，總之它是自然形成，亦可說理所當然。

阿貞白天和大夥一起打拚，當晚上休息時間其他同夥在聊天她則忙於記事，某人上午缺工下午上工，今天買飲料幾元……。故她比其他人更勞苦，真是智者拙之勞啊。

當雇主付工資阿貞便加以紀錄多少錢並加以保管，工作做一段落後便召集大夥分發工資，阿貞計算過某人應得多少……後便開始發放。

「我們把工資部分留起來作基金，我們若有了基金多方便呢！」丹鳳見到大堆鈔票便想起團結合作真妙而向在坐的魁妹、城妹……提議班中成員大都想起有了基金多方便而產生共鳴。

「好，好，好。」大多數熱烈舉雙手贊成，只有其中的霹靂妹強烈反對。她認為基金會給人中飽。這個姑娘早以前並未曾與丹鳳……等姑娘來往過，因她家裡種有些田，這個時代若沒與人家合作，其田便種不下去，故獲悉丹鳳等姑娘正準備組一個團體為種田互助合作，而她便立即趕來百般要求參加的。丹鳳……等則以助人為樂而讓她加入陣容。誰知她不但不曉報恩，還自私自利極盡煽動之能事，不過她總是孤掌難鳴。

基金雖不多，但一起出外以基金買車票，聊天休息時買零食以基金，伙伴中的家人欠安則取基金做慰問金……多溫馨多有趣。

這種不用掏錢而有東西吃，有車坐，又能施捨等不過小事一樁。但阿真竟比發現新大陸，發了大財，當上了大官……還高興。這樣的世俗上視為微不足道的小事她竟視為人間大事。認為世界大同了，天下一家了，此時她的心情以陶醉無我狀態，於是向大夥提出她的理想。

「我們以後留起多少工資作為公金如何？我們若有了雄厚的公金則開座農場也好，開家商行也好……，總之團結力量大或許由此而做起大事業。」她殷切提出意見。

她的提議一時令在坐的同夥們莫名其妙而面面相覷；因為她們想都沒想過，聽也沒有聽過，種田人天天和田為伍，少求新知；故她提起天大理想真令她們摸不著腦袋。

「我們團結力量大，把一成或二成工資留起作為公金積沙成塔，當世界太平時我們便有了做大事業的資金，有了資金便長袖善舞了。」鄉村小小弱女子竟懷著連什麼大人物都少有的大志。

經阿真一再鼓勵後丹鳳、魁妹、成妹等老幹部都贊成，新伙伴則都還未表示。不過以後贊成者日日增加而成為多數。於是每次結算工資都留一成作為公金，公金便日積月累與日俱增。

娘子軍一起幹活通常清一色女性。但當防衛團的丁長、秀中一有空便搭擋加入陣容。他倆依然和以前一樣，晚上休息時間便和娘子軍她們聚在丹鳳家休息談天……。她們這樣的生活自丁長在精永家幫傭時已開始了，到現在未曾停止過，可能是他們前世修來的緣分大夥始能長久不離。

此時日軍所佔的領地日廣，急需大量軍伕服務，故以前想當軍伕必具有多少學歷軍方始能採用，還經過嚴格的身體檢查，而現在則只要無殘障便統統過關。但他倆對當軍伕依然想也沒想過，倆比兄弟還親，彼此不忍分離也不忍和娘子軍分離。

世界都在兵荒馬亂中，疲於奔命而他倆則過著夜夜笙歌，歌舞昇平，樂不思蜀的生活，人生再也沒有更滿意的了，誰還想當軍伕領銀票？

丹鳳幹活忙，秀中則防衛團時時召集，因此他倆若即若離。老人家屘姑較操心以為他倆的戀情冷淡了。恐有變局而又緊張兮兮催促丹鳳早日成婚，以免夜長夢多。

「我向天發誓，海枯石爛都永不變心，我所擔心的是正逢亂世，時局將如何變化難料，不一定被徵召上戰場也不一定，若是上戰場則生死難卜……。」丹鳳轉告母親的關心後秀中舉手向天發誓絕不變心。

「我非注定長命壽，我希望有生之年看到你們成為眷屬而死也無憾了。」丹鳳將秀中的答覆轉告母親後母親拭淚道。

「怎麼辦？順了她意則完全破壞了我的計畫，若不順則令她傷心——好，先訂訂婚後再說。」丹鳳轉告母親的態度後秀中便退一步想安慰準岳母的心。

非常時代物質缺乏，一切從簡。十二塊喜餅、二束香、一疊金紙，幾支蠟燭……祭過祖先，張、賴聯姻便算完成初步儀式。

屘姑有了女婿喜出望外，她酷愛杯中物更疼愛女婿，她無端午節都搓圓子的，何況端午節。故三不二日就宴請女婿，每當設宴就殺鷄宰鴨，這樣景象把人生充滿人情，多麼快樂溫馨。

宴會都在日暮後。秀中赴宴時必順路登門招丁長相伴，丁長便告訴仁嬌：「我和秀中一起去，不用等我吃飯啦。」然後便雙雙赴宴去了。

他倆的赴宴過程金月總是羨慕的眼光一直望著，丁長若招呼道「金月啊，我們一起去吧。」丁長一招他便連忙躲近房裡去了。

此時日軍在太平洋的戰爭已由攻勢逆轉為守勢，而在台灣的防空演習則更為積極頻繁，偶而則玩真的，發出真的空襲警報。但很快就解除警報雖未曾出現過一架敵機，天空總靜悄悄一片。

軍方積極招募軍伕也不少人受其銀單所引誘而紛紛響應。但丁長、秀中依然毫無動心，他們都想和娘子軍一起在家鄉過太平日子。

男性多跑了，民眾的生活都女兼男職，所見在田裡幹活的幾乎清一色女性，彷彿成了女人國。娘子軍在許多人家百般懇求伸援手代耕、代種、代收的情形下人情難卻，她們天天忙不完，鈔票也滾滾來，公金愈積愈多。

二十七、木頭人

田清一向以包工程為業而一直都賺錢，一家人過著錦衣玉食的高等生活，後來承包甘蔗收穫工程。這次他就嚐到陷入泥淖之苦了。當年天氣陰雨不歇，田裡積水不乾，泥淖不堪，搬運甘蔗的牛車隊不能下田載貨，令人急得跳腳。

收穫工程是有期限的，期限一過而人家的甘蔗未給收完便要負責賠償責任的，不得已他只好雇用許多工人下田，以肩負的方式搬一捆甘蔗走百米或幾百米田間小路，而到大馬路始裝上牛車轉運，以此人力替牛車隊下田搬運，而其費用竟突增十倍，讓田清陷入深淵傾家蕩產。

他將田地房地賣掉償還債還不夠，還將四個嬌生慣養的掌上明珠，水蓮、水蓉、水月、水香質押於人家借錢還債。他的身價從雲端倏地摔到地上，以前衣冠楚楚煙斗不離嘴的大紳士竟一淪為潦倒街頭的窮漢。

但他從未怨天尤人，脫下西裝裎露上身，穿一條內褲幫人家做苦工維生。他長期幫農場主人阿基於農場裡翻地搬土，開埤做圳……。專幹粗重的工作，他幹著幹著，忽聞主人不想再經營下去了。主人決定放棄農場且移居他地。

農場共有十甲良田，阿基是個佃農，該田都是從一個大地主承租的，種田為薄利而耗工的行業，逢非常時期肥料十分缺乏。工人不易雇到，兒子又不斷受徵招服勞役，而且他的年事也多了，縱然想堅持下去也力不從心。

當時和阿基的處境相同者為普遍現象，放眼荒蕪的田地比耕種著的多，地主見自己的土地在荒蕪而竟老是縱容人家耕種而租金隨意。

田清雖然淪為僅穿一條內褲的苦力，家無隔日之糧，但其心肝比大象還大，他證實阿基確實放棄農場而將遠走他方時便有意接耕，他以為農場裡阿基早有幾間竹屋、水井、牛欄、豬舍、曬穀場……應有盡有我和樂不為。他把農場接過後便把十甲地統統種起水稻，十甲地好闊了；

他雄才大略卻沒考慮到資金，勞力從何而來，在資金與勞力問題難以解決下田裡的工作只好全由夫妻自己幹了。夫妻每當天色還朦朧便下田除草，當日暮始收工吃飯，而飯後又再下田一直幹到午夜始收工就寢，其勤奮真是世上再也找不到第二人了。

僅夫妻二人力量，卻種一大片稻子，縱然不眠不休也幫田搔癢一般幹到丁點而已，正好政府鑒於戰爭急需糧食而農地又日益荒蕪，稻子也因缺乏勞力難得正常管理，故命令小學教師帶領學生幫助農戶除草……等工作。農戶若需要幫忙，一到當局申請就來幫忙，他們一來便上百人。

逢此機會田清也申請幫忙，而老師便帶一百個學生來幫忙，以後也時時來幫忙，學生年少又沒工作經驗，他們和螞蟻搬土一般；但也把一大片稻子順利茁壯結穗蔚為一片金黃色稻海了。

台灣南部的第一期作收獲正好梅雨季。雨多晴少，田清因雇不到足夠人力於天晴時加以搶收，導致成熟的稻穗在連日雨淋下大半長出青芽。戰時殖民政府施行共產式的糧食管理，凡農戶收穫的稻穀一律由糧局定價收購，農戶不得私售或私藏。

田清在萬難中把稻子收完，曬乾便進行繳糧工作。不料當局發現其稻穀發過芽而拒絕收購，辛苦過半年，流過無數血汗好不容易始收成的稻穀竟遭推枯拉朽拒收，田清不禁傷心欲絕，而含淚將遭拒收的稻穀再載回家。

田清嫂獲悉消息不禁號啕大哭起來：「千辛萬苦始收成，竟遭無情拒收，我們以後如何活下去，貸款將以什麼還……。」她邊哭邊嘆，痛不欲生的樣子。

「哭又有什麼用難道哭就解決了問題？」田清勸她，但她總是哭著。

「有人在家嗎？」忽然門外傳來訪客的聲音，田清嫂倉忙收起眼淚裝作無事。

「什麼事，什麼事？」田清夫婦一聽人聲便迅速裝作無事恢復平靜。但訪客早看到他倆的神秘態度和慌忙裝作平靜過程而大感奇怪而追問好幾次。田清總是「沒有，沒有」敷衍。

來者為一位稀客——陳運生，是村尾的養鴨人家，他耳聞田清的發青穀全被打回票而想洽購的。由於政府把稻穀管制十分嚴苛，無處可購得餵鴨的稻穀而鴨子不吃穀又偏偏不生蛋，日子一久又必害上軟腳病。相對地蛋價又好，供不應求，以上種種稻穀便成為養鴨人家求之不得的至寶了。

糧局把發青穀報廢不收，於是發青穀便淪為飼料可自由買賣了。運生以為小小發青並無損營養價值而且機會也難得，經過幾句洽談後成交三十袋。反映成本田清以市價賣出。

全台灣的養鴨人家都被缺乏稻穀所苦，他們獲悉田清有大量稻穀可賣而聞風趕來購買，田清農場一時間門庭若市不一會搶購一空，價格由買方自己開價都高於收購價好幾倍，因此田清發了不少財轉眼把窮根斷了。真是塞翁失馬，因禍得福。

田清有了錢後便把竹屋改為瓦房，並把質押於人家的四個女兒贖回，過起天倫樂而水蓮則進信用組合當工友，不久升為職員。她二十歲了，長得亭亭玉立，真如出水芙蓉，甜美的臉蛋笑容可掬，待人又親切，她的美麗很快傳遍了十三莊。

不少想找伴侶的青年或想娶媳婦的父母都不遠千里而悄悄相她，更有不少青年每當她上班時間就在路邊等候欣羨她的丰采。接著則不少媒人登門說親。

水蓮對說親的什麼名門巨賈都不感興趣；惟獨對丁長念念不忘，一向懷著非他不嫁的決心，她每當想起丁長便淚水縱橫，當她在精永家當婢女時飽受同事欺侮，若非丁長宛若兄妹在身邊安慰、照顧則她早就尋短了。

她知道長哥雖是個苦力，但對我深恩似海，有恩便必須報恩，若以身相許結成眷屬同甘共苦合力打拼也算是報恩，何況我小時曾許過他長大後倆人結婚共同打拼，君子不得食言。

她想到此問題又出現了，他倆人自離開精永家後從未在一起過，偶而半路相逢丁長很快就閃避不見了，也從未彼此聯絡過一次，彼此有如陌路。

其實丁長並沒把她忘記而時時都在懷念她，把她視為同胞妹妹而疼愛有加，還時懷念她關心她。見妹妹長成四方欣羨的大美人他不勝高興，盼望她嫁到如意郎君而夫唱婦隨過起快樂日子。他顧慮到水蓮言出必行的個性而把小時無知相許的話當真，故每當老遠一發現她便迅速閃避以盼她不會想起往事。

第二個問題是乃父田清經一場傾家蕩產親離女散之痛苦和世態炎涼之傷後個性已趨現實起來，以為麵包要緊不屑什麼愛情，什麼情深似海，山盟海誓，白馬王子……且還懷著根深蒂固一切婚姻由父母做主的舊習。

「怎麼辦？」水蓮不禁彷徨，當考慮後決定先探問長哥的態度。

當晚上休息時間她便往慝姑小店找丁長，她到店前不遠便見一群男女在休息嬉笑而不敢冒昧進去，踱來踱去徘徊，正好時常往小店玩的城妹經過便託她吩咐丁長。丁長出來見水蓮有事有話要說，便返身搬二張椅子長談起來。

「長哥，你還記得我倆小時曾山盟海誓，長大後結成眷屬打拼賺錢的往事嗎？」君子言出必行，雖是孩子話水蓮則堅守不移，也以為報恩，也認為丁長忠厚老實值得託付終身，若他不嫌便相偕懇求父母的同意……。

「唔，有這種事，我已毫無印象。」丁長以毫無印象還裝著閉目思考，其實他印象深刻，還一清二楚，更時常重溫當時景象。他認為愛她等於害她，自明一個文盲赤腳苦力不能給她幸福過日子。

丁長裝作思考後而說：「記得啦，你不是說大月亮裡面的一斑黑影是張果老正在倒大樹的影子。祂砍著，砍著，樹將快倒時他的煙癮發作了，祂抽過菸，但大樹又長回去了。故砍過二萬七千年還沒砍倒大樹。」丁長答非所問，故意說到其他地方去。

水蓮一再追問都顯得丁長心中並沒她。其實她也懂得丁長的內心和處境。以為丁長深知家父如鐵石的個性，絕不將女兒許給一個苦力的。

彼此見面後水蓮以為心意做到了，報恩有許多方法，於是退一步稱呼丁長為哥哥。

不久水蓮便奉父母之意許給了潮州街一位富商的，在當教員的公子。非常時期一切從簡，三十塊大餅拜祭祖先，然後分送親友四分餅一塊，惟獨送丁長一整塊以示謝恩和懷念。

二十八、賣到東港的金妹

金妹為羅阿的長女，她四歲時便被賣到東港街外圍一帶貧民漁村的小家庭。一個骨瘦如柴的老阿嬤，養父張祥是個駝子，因他不勝幹重活而只好挑擔竹蘿穿梭大街小巷賣糖果做小孩的零食生意。當檬果樹結果時他便包買幾顆巨大的成樹，當成熟時便自採自賣，熟多少採多少而挑到街上叫賣，以微薄的收入過著辛苦生活。

他連棲身的殼都沒有，也沒有些立錐之地，一向都借人家空閒的屋子棲身，常住上三二個月或年把時間當人家要討回時又再找房子，弄得焦頭爛額，後來有個當公務員的堂兄他有錢，將人家向他借錢所質押的房子借他住而一住便數年,可算借住最久不致流離失所最長一段時間了。

養母也是個駝子，是從附近村落娶回來的，同是駝子，真是門當戶對。但娶後不曉得相愛，張祥不自量力不看看自己長相竟對她脾氣十分暴躁，動輒棍棒毆打還時時趕她走，她受盡虐待而她看出此非久留之地而想跑，但她連自己娘家都沒有，乃父母在世時一貧如洗且老早雙雙過世,她寄養於叔父又時時受到嬸嬸和堂兄妹等一家人欺侮,生病無人理，總之她就在千災百難毫無愛心的環境下折磨長大，她想到此便自明實在無處逃，只好一再忍耐下去。

但張祥懂得她的處境認為可欺而更本加厲，毆打後還不給進門而她便露宿街頭等待他的氣消。但有天經幾天露宿後求進門依然不能如願於是只好揮淚離開了。

她回到家鄉便在運甘蔗的鐵路旁一處空地結一草廬棲身，而打起輕鬆的零工，或往地瓜田拾拾小地瓜充飢，這樣生活將近一年後竟害上流行感冒而無人照顧下病故了，死在房裡數日後才給人發現。

金妹也曾入學唸過書。但只唸過三年便因繳不出學費而輟學。民眾大多不重視教育，張祥更不知什麼是教育。她輟學後便幫人家剝蠔、選魚……做起童工。她有年紀了，曉得想起種種，她羨慕人家有親情有父母之愛，而想起親生父母現在如何，是否在世？又長得什麼樣，故鄉又在何方……。

她四歲便離開了父母身邊，她自覺自己的家鄉血跡就在遙遠的東方，因為東港西邊南邊都是不能住人的海洋，因她的印象裡不遠有一列青山：無疑那是中央山脈，故故鄉當然在東方無疑，因此她時常遙望東方遐思流淚。她還留有幕幕兒時和鄰近的孩子們在一棵高大的榛榔樹下玩家家酒，而樹下則跌落許多樹籽，也長著小樹苗，常見一位長鬚慈祥的老人……種種依稀景象。

她以為那裏大概是我的家或鄰居還是親戚家。她每當憶起那些依稀景象無不淚痕滿臉，希望一睹親生父母，看看故鄉血跡，而舒暢地流盡思親思鄉淚水。

不料，忽然一次強颱夾豪雨洪水把她住上數年的住所摧毀無遺，此時想再找一處住所再也不易了；因為普遍人家的住所多被破壞。張祥急得如熱鍋上的螞蟻，最後只好蹲人家的大簷下了。

天無絕人之路，正好此時庚嫂來傳話。

「祥哥，蔡郎很熱心想請你們一家人搬過去和他一起住如何？」庚嫂將蔡郎的邀請轉告他。

「住在村腰的青年，蔡郎？」張祥摸不著腦袋。

「他說大家有緣將來成為一家人。」庚嫂又說。

「喔，原來如此。」張祥此時想起金妹已十七歲了。蔡郎的巧思真如苦旱時的甘霖。

蔡郎是村裡一位無業青年，其父母一向都是貧民，個性一片爛泥，把獨子蔡郎溺愛到他想玩頭顱都會砍給他玩，把蔡郎養成為不愛唸書，不工作，沒禮貌，到處厮混的個性，早上則睡到日上三竿，若加以叫醒則大發雷霆。一天至少吸上二包菸。

當父母雙雙過世後無人可靠了而不肖子竟搖身一變成為勤奮不息的苦力，更想成家傳宗接代，他對成家的狂熱舉世少有。

但誰願嫁他？手無一技之長，錢財沒有，人才沒有，口才沒有；不過父母遺下三間平房，房子雖粗糙毫無加以裝飾而像一座碉堡，但能夠避風雨。他獲悉張祥災後借不到屋住而蹲人家的大簷下過夜，產生一樁靈感。以為張祥現在簡直無路可走了。當他患難時拉他一把請他來家裡同住，條件是將來和他千金成親，則他必欣然答應。

張祥喜出望外也恍然大悟金妹已十七歲了，也料到金妹必強烈反對，但因目前無處棲身，故他立即便搬過去住，同時懇託親友積極說服金妹。

「金妹啊，令父請你多原諒，家境清寒有難不得已，而且蔡郎他早已改過自新了，且勤勞有加，不嫖不賭性情又溫和，人生總難十全十美。總之，請你考慮老人家的處境。」張祥請託金妹的要好朋友阿美說服，而阿美又認為母親能言善到轉而請託母親代己。

「我不要，我要跑到遠遠去。」金妹答服。

從此金妹便出走了，白天打工，晚上則睡在同夥家裡。不過每當一月半月還回新家看養父和老阿嬤一趟並給些錢。蔡郎則不但勤勞也很賢孝，雖然和金妹婚事還渺茫莫測但依然侍張祥和老阿嬤如親父，親嬤，供食供住。

當老嬤、張祥身體欠安時金妹便放下工作回新家照顧老人家。此時金妹回新家的頻率也愈來愈密。蔡郎性情溫和好量把這尚未確定的岳父和老阿嬤奉養好幾年，人非木石日久金妹竟把他視為一家人而打成一片。

蔡郎雖然奉張祥為極親。但張祥依然愁容滿臉日座愁城，他以為金妹若不同意婚事，則這好日子隨時都有巨變。

有一薄午他賣糖果收担回到家聽見廚房裡傳來一種好像是金妹和蔡郎正在有說有笑，他吃了一驚，諦聽一下確實是金妹和蔡郎在廚房裡一邊做菜一邊嬉笑，他即時有如卸下重擔，過去的一切憂鬱一骨腦開溜無蹤他不禁深深呼出一向盤據心內的鬱氣，他無憂一身輕了。

這樁女兒相許，有了女婿而外人看來不過很平常的事，但他卻視為切身的天下大事，而喜不自勝久久難平。

他宛若獲致新生，決定放假幾天，甚至想從此退休。由於上了年紀，以前借住人家的房子常受到人家踢皮球一般趕來趕去，現在將有女婿有永久屋住了也有女婿奉養了，一生貧窮勞碌奔波現在也該休息了。

第二天他便頸項掛起菸筒，菸袋懷著輕鬆的心，往就近公園和老人們談天，此可算他一生最奢侈的日子了。

不料他是個天生苦命人，命帶勞碌吧，僅過一天像樣的日子，當晚飯後不久便覺身體不適而提早就寢，而半小時後蔡郎便聽到房裡傳來一種不知什麼聲音，進去一看他早已四肢癱軟不能動，眼皮下垂無神，喉嚨中痰涎拉鋸般嘓嘓響，不省人事。

大夫診斷過而認為是中臟。為中風病中最重之症都不治。老阿嬤哭斷腸，她以為他那副菸筒菸袋一生從未離身過，當他若不幸而回天也讓他帶去。

他的喉嚨中總是拉鋸般響著而一直到下午始撒手人間。

二十九、賣到丁潭村的來妹

阿的住故鄉社寮時生過三個女兒，而生一個賣一個。移居建功村時也生了三個女兒也是生一個賣一個。來妹是屘女，她還在襁褓中便被賣到村莊一河之隔的丁潭村。阿的接過紅包便完全忘記曾有一個女兒賣到那邊。

來妹她就在那邊養大而幫忙家事或放牛，沒有唸過一天書，當十八歲時養父母便將他許配給水底寮一位富農當媳婦。十八歲的她充滿孩子氣，根本不知結婚的意義和什麼是兩情相悅，而且婚姻一切由父母做主的習俗又根深蒂固，習慣成了自然她只好逆來順受了。

結婚行過大禮的洞房花燭夜她始發現新郎較她年長許多而且大她好多倍。體格粗獷長相呈青面獠牙，醜極了。但對來妹的致命傷還是他的木訥如啞，他凡什麼芝麻小事都不曉得以語言表達而習慣粗魯的肢體表達，甚至以抓人的方式進行。來妹怕得要命，若偶而相照面她便將臉轉向便得暫安。但他請她就寢竟不用口而以捕捉方式霸王硬上弓，此時她的膽都給嚇破了，不禁哇一聲如被老虎咬上一口般奪門闖出，半夜跑過二十里路回到娘家，半夜匆匆叫門令父母嚇一跳。

父母嫁女歡喜都還未過而女兒竟沒隔夜便落跑回家，當父母的難免心痛，他們懂得逃婚會帶來許多糾紛和麻煩的，於是勸慰道：「男家有不少財富，新郎雖醜，但面惡心善，醜又何妨，若能忍耐一時將來必有好日子過的。」

她冷靜想過父母的話，但愈想愈不願配這樣的怪人，不過她不敢說出不嫁這種人，於是點了頭。當天一亮父母便帶她回夫家，而父母向親家公等致歉後，男方並不當一回事，因親家公自明兒子的重大缺失。

來妹決心不跑了，將好好當人婦認為在恐懼也要盡量忍耐。不料夫君當晚更本家厲，招她就寢竟不以口說或稍作手勢而竟兩眼露兇光把她勢如殺豬似地硬抓，她想不再怕了，但這時又怕得失魂落魄拼命掙脫後便直撞奪門而出漏夜又跑回家了。

同樣情形，三翻五次，白天回而當夜就跑，父母終於發火了，再也不準她踏進家門，以為不給進門她就會死心塌地住夫家了。但她已鐵了心不看夫家那片天了。她自吃其力四處打工，晚上則睡在友人家。

夫家見婚姻無望後便使人向其父母警告：「你們根本是在騙婚，若不趕快解決便告到法院。」

其父母遭警告而十分憂慮，怕犯罪和賠償，於是又急著想找到來妹以求解決，她被追到無路可逃後始想起：「唉，我有個姑母嫁在建功何不到那裡避風頭？那邊有姑母照顧，若姑母不透漏父母也不會料及。」

她到姑母那邊後姑母曾勸她回夫家團圓，但她早已死心而一直住下去。

她住姑母家二個月了，對環境已熟悉，也結交到好幾個姑娘朋友，過得好習慣，她常挑起竹箕和姑母一起上田裡幹活。她和姑母很有緣，每當在一起她總和姑母談個不休，看到路邊公雞打架便談起某顏色那隻公雞較強又勇，看到人家門前種花便提及故鄉的鄰居也種好多同樣的花。

她看到村腰的那做凶宅庭院深深卻看來只有一個小家庭在居住而想問姑母，但又不敢問，將到口的話又嚥下去。但不吐又不快，經過多次後終忍不住而問起。

「姑母，那是誰家的宅第？庭院深深沒人住？」來妹好奇地問。

「那是你的老家。」姑母的口氣似在開玩笑又似在嗆她那麼多問。姑母的話她感到耐人尋味，而感奇，但她一直玩味姑母的話而沒在問下去。

過了三天，她和姑母上田回家途中見前面好遠有輛載滿地瓜的牛車，一路遺落地瓜而車伕不知，姑姪便猛喊：「駕牛車的呀，你的地瓜丟了。」

牛車鏗鏗鏘鏘，她們一再喊，駕牛車的車伕都沒聽見，來妹便將沿途的地瓜撿進竹箕。當牛車在轉彎處讓牛歇腳時車伕始聽見有人在喊地瓜丟落。來妹將撿來的地瓜交還後，駕車的青年一再道謝。

姑母發現她正是丁長，來妹未曾認識的唯一胞兄，來妹則毫無助人多快樂的感覺，且看到車伕千恩萬謝點頭致謝後還一再致謝，其形狀有如拜佛求神而不禁發噱，殊不知他是自己所不認識的唯一胞兄。雖然不知者無罪，但姑母依然感到彷彿沒禮貌而來了一句：「他是你哥哥。」

這句話又令來妹摸不著腦袋了，以前來一句「是你老家」現在又來一句「他是你哥哥」她認為此話必有弦外之音，因為姑母從未對自己開過如此莫名其妙玩笑。但一直推敲都得不到其含意的絲毫頭緒，想追問又怕姑母嫌嚕囌。於是一再壓抑，但經過幾天後再也抑不下去了，於是問。

「姑母，數日前你跟我談過一句『那是你的老家』和一句『他是你哥哥』令我甚為玩味，但總想不出頭緒。」來妹問。

「好，我跟你說，令嚴從社寮村移居建功時就住此座宅第，你就在該宅第出生的。而那天載運地瓜沿途遺落的是你的胞兄。」姑母本想不讓來妹認識親人，恐認識親人後便對養父母的態度有所改變。但見她和極親擦身而過而不告訴她又感無情殘忍。姑母嫁到建功不過十多年，雖然沒親見前輩人物，但時有聽過關於羅阿的的傳聞。

「我有哥哥？有幾個？有沒有姊妹和弟弟？父母呢？」她從襁褓中便被賣掉而養父母把她視如己出，過著溺愛的生活，又因少不更事故從未追問過自己的身世，以為養父母即親父母。

「只有一個哥哥，姊姊卻不少，據說都從小便賣到天涯海角不知下落，令父母則早已去世了，我見都未見過。」姑母道。

「姑母，家兄現在住哪裡，哪裡做事？我們看看他如何？」來妹獲悉有個胞兄而恍如夢境，其樂實難以形容比喻，尤其她正逃亡期間更希望有個親人，當日雖曾邂逅，但不過走馬看花而已，於是想一睹胞兄之情便急如火燒而猛然催促姑母帶她見見胞兄。

當晚休息時間姑姪便相偕登門拜訪仁嬸，此時正好丁長上理髮店了仁嬸便命家裡的牧童國進前往告訴他。

「有人找你，據說是你的親人。」此時丁長正在理髮中。

「好，我理好便立即回家。」丁長答。

丁長懂得自己有六個姊妹，均在很小時就賣到不知何方全然無音訊，他過去常喟嘆人家有姊有妹惟獨自己命苦一個姊妹都沒有。他曾誓言：「我若找到了姊妹，無論她是手殘腳跛或當叫化子我都將把她照顧到老。」當國進來找他而他竟發生從未有過的奢想：「或許我的姊妹來相認了！」

當他回家時仁嬸、姑母、來妹已在客廳等候有段時間了，來妹早把視線移到門口急著想看胞兄的丰采了，她第一眼目睹胞兄便感覺兄妹倆身材容顏十分相似，都是不高，手腳顏面都長得十分相似而連走路形狀都一模一樣。

兄妹相見，一向都懷念姊妹也盼望能夠早日相會的他喜出望外且關心認真地問妹妹從小時到現在的生活情況，並頃聽妹妹的頃訴。一向講求真心真意不求表面的他雖然兄妹難得相見，但並沒有擁抱痛哭的場面。

兄妹難得相認而她又正在逃亡期間，她便想和哥哥住在一起以過足天倫親情之願，於是告訴姑母：「姑母，我想和家兄住在一起了。」她高興地說。

她有哥哥了，樂如天上而住在一起享受天倫樂，而仁嬸也視她宛如女兒。因仁叔種有不少田故她也常幫忙種田，也勤於幫仁嬸作家事而過得很習慣而忘了逃婚之苦。

三十、姊妹相會

養父和老阿嬤都過世後金妹倍思親，她因沒父母姊妹便感到世界多麼寂寞而處境孤單，她不羨慕什麼富貴名利，只以為有了父母兄弟姊妹便再也無所求了，也嘆自己命苦，從尚不懂事的幼童便賣到天涯海角，連父母家鄉都不認識。

她年輕時再也想不到前往保甲書記處閱問身世，當年長始想到那裡可閱問身世。當她閱問後始懂得故鄉在東港正東方遙遠的新埤庄社寮村。它正如自己小時天真的想像完全吻合。家世姓羅，父名阿的，母陽桂。

她獲悉故鄉在何方，喜出望外次日便搭東港分線的火車到社邊車站，然後雇人力車邊走邊問，終於找到了血蹟社寮村。但該村早在二十年前便遭山洪沖刷到片瓦塊磚都不留，再也看不出它曾是一個村落的痕跡，不過還有一顆古老的梏楝樹屹立於空蕩的沙灘上，據路過的耆老們說，那正是社寮村遺址。

金妹見血蹟故鄉遭洪水沖失到片瓦不留，也找不到親人蛛絲馬跡不禁失望而回。當冷靜後始想起「何不到新埤庄保甲書記處閱問」於是她又第二次尋親之旅。她在該處中獲悉親人的蛛絲馬跡了，父母早已過世，女子六個而都從小便出養，男子一個，住在建功。她獲悉如得至寶。

「建功人生路不熟從何找起？啊，有了，青瓦和蔡水秀不是常年在那邊賣魚嗎？他倆可能認識。」金妹想起。

青瓦和蔡水秀以賣魚為業他們從東港標購魚貨而以單車載運跑過二十里路，到建功販售而生意一做便二十年，故村裡老幼都認識他們。不料時局竟進入非常時代，漁貨全由政府收購然後配給人家，私人不得賣，為了生活他倆只好悄悄偷賣的方式進行。

青瓦偷賣多次了，終被盛怒的警察抓個正著而被拳打腳踢，打到面腫瘀青鼻血直流，只為違規賣魚竟把他打到民眾都不忍卒睹。他因年老體弱回家後便倒床不起一命嗚呼。

於是金妹便請問水秀是否認識羅丁長這個青年。

「建功我哪裡不認識的，無論人物、環境，我都瞭如指掌，甚至該村歷史都懂得不少。丁長現在仁叔家當一位長工，彼此不但認識還喜愛開玩笑呢！」水秀自得地說。

「那就請你轉告他有個胞姊從小便賣到東港而父母姊妹都不認識，現在她極為思親時常以淚洗臉而經二十年的打探好不容易始探知胞弟下落，胞姊將擇個良時吉日相會。」金妹懇求水秀傳話。

丁長獲悉有個胞姊現住東港而希望相會認識而高興不得了，他常懷念出養的姊妹下落以為今生難有相會的日子了。竟出乎想像有個胞姊出現，她相會正好來妹在這裡三姊妹認親相會再巧合沒有了。

金妹則擇個良辰吉日後便進行姊妹相會；當日風和日麗，金妹巳時便抵達了，丁長、來妹在屋前迎訝。三姊妹一見面激動到就地蹲成一堆低頭大哭。從小出養各分東西彼此不認識，好幸竟還有機會姊妹相會，其思念之情一言難盡，也難以語言表達，故三姊妹無言一直哭。尤其較年長的金妹，因沒孝順到父母一點一滴；讓父母享一日清福而難過，故她哭得最悲傷。

金妹終找到弟弟妹妹了歡喜之情彷彿掀開了滿天陰霾似地，由於太高興了，回到了家時蔡郎未曾問起情形而她則話閘子盡開而道：「喔，建功那邊民風純樸待人和善親切，有座古蹟「大門樓」古色古香，仁叔家為一座四合院，我弟妹體格都很相似，那邊民眾多為種田維生……。這些都是她喜極而所見的一切人物景物都金玉一般而不傾吐不快的。

她吩咐蔡郎道：「準備，幾天後和明忠、明和一家人到建功作客，難得姊妹相認，我要和弟妹一起住幾天，過起天倫之癮。今後當抓到較好的魚就把它留起來作為禮物，那邊為內陸地方較缺魚食……。」

幾天後一家人居然成行了，蔡郎盡其體力以漁具攜帶漁貨而搭分線的火車到社邊車站，然後以徒步到建功。明忠已七歲，明和則五歲，都會跑會走了。他們打算住上一禮拜，以完成心願。

當他們在仁叔家作客時，明忠和明和天天隨金月、金星以彈弓四處獵鳥。金妹則和仁嬸、來妹、鄰居等談天。蔡郎則看到仁叔種有莿竹——因莿竹材為編製漁具最佳材料而且東港那邊則少有莿竹，於是砍竹而獨自在編製漁具，準備當回家時順便帶回家。

他們不過住上五天東港湊巧又爆發了第二次霍亂傳染病，這是一年中的第二次霍亂病流行，日本人對傳染病的控制有如天下大亂格殺勿論，每條往東港的通路都設關卡而由壯丁團嚴厲駐守，不準民眾進出，把東港孤立成死城。

蔡郎本想靜心住上一個禮拜。但獲悉該消息便寢食難安，歸心似箭，他最怕不趕快回家則恐將來有家歸不得。他們次日大清早變動身想回家，仁嬸認為內陸缺漁，東港海邊則缺米，於是盛二斗米於漁具而讓蔡郎隨身帶回家。

他們一家人走到社邊一處關卡便被壯丁團擋住了。

金妹苦苦哀求道：「我們是東港人，因訪親作客正好發生這種大事而有家歸不得，如何是好，能請各位先生體諒我們的處境放我們一馬吧？」

「不行，這是命令，我們負不起這個責任，絕不能通過。」壯丁們異口同聲。

正當金妹一再要求壯丁們放他們一馬時，蔡郎以為壯丁都不在注意便破紅線偷溜過。走不過五步腳便被發現而被喝住。此舉他不但被以棍毆打一下還被發現馱滿一身東西而進行搜身。發現攜帶二斗白米。米糧是嚴厲管制品，不準買賣囤積，甚至相送。此為一件大案，壯丁立即連絡警察來偵辦，他在警察逼供下只好說是「舅子所送的。」因東港疫區不能進去，故案子便轉交新埤派出所偵辦。

有家歸不得，他們一家人不得已又再返回仁叔家作客暫住。蔡郎從未犯過案的，也未曾遭警察打過這麼慘，故怕得一直顫抖不停。當晚躺在床上則一直想家，又怕再給警察打而一直發抖難眠。其臥床為一張竹製涼床，他一顫抖而涼床便震動吱吱喳喳地響一夜吱喳地響不停。

當凌晨三點時忽然床聲不再響了，原來他想通了，以為「天下那麼大何必一定走馬路通關卡，我們若是走田間小路則有誰知道？」

問題可算解決了，他便靜下心頓時便進入夢鄉。當大清早他們又動身，仁嬸又再盛二斗糯米進他的漁具給他們帶回。

他們走到距關卡尚有一段路時便轉入田間，田間阡陌縱橫，一片稻田宛如海洋，他認為我們走田間開溜鬼才知道。

不料壯丁團在每一重要空間都在高樓上設有瞭望台，他們發現一片稻海中隱約幾個黑點在移動而派人攔截而發現又是昨天的那一家人，而加以搜查又發現二斗白米，罪又加一等。

案發後丁長二日沒三日便收到新埤派出所的傳訊通知。

「那麼多白米從何而來？」警察陳金和問。

「那是公家配給的米糧我們省吃儉用留下來的。」丁長敷衍不說出真相。

「胡說，配給的米區區幾斤，自己吃都不夠了還能留起來送人。」警察不信，三歲孩子都不會信。丁長偏偏不吐實，警察便給二巴掌飭回，改日再審。

其實那些白米都是私藏而來的，農戶因配給的米糧不夠吃而當收穫季堆稻草時便銀包金，裡面藏進稻穀，當要吃用時便取出一袋而以石臼杵舂成米。

丁長每二日三日便為白米案而到派出所應訊，警察追究白米來源而他總是以巧言避重就輕以免連累仁叔，警察一氣便狠狠摑他幾掌，真令他羞憤無地自容。

不料禍不單行，尋尋覓覓想找來妹回去解決婚事的養父和男家終於獲知來妹躲藏在其胞兄那裡而找上門。而養父大發雷霆一再警告。男家則喊刺喊割將控告逃婚，控丁長藏人犯。

仁嬸見丁長四面楚歌痛苦不堪便想助一臂之力，以為若來妹願回夫家團圓便化敵為親，再也沒有什麼糾紛了，皆大歡喜。

於是「來妹呀，我跟你說，世上沒有十全十美的事物，男子有多少缺失又何妨。據說他面惡心善對人都很友善並不害人。我帶你回夫家團圓好好過日子以免哥哥為你煩惱。」仁嬸苦口婆心。

「好啊，仁嬸我聽你的話。」她過去人家勸她回夫家團圓都十分生氣的，因她視仁嬸如生母故仁嬸一勸便唯唯諾諾。

次日上午她便歡歡喜喜和仁嬸搭上八點多的班車回到水底寮。她一進夫家便直入她的洞房獨自一人在休息。仁嬸和新郎在客廳喝茶聊天。仁嬸做事做人或說話都很公正實在的，她趁此機會和新郎說明做人做事的道理和夫妻相處之道，談過一大堆，新郎雖看似洗耳恭聽，不過只有二句嘿嘿以對。

仁嬸見時鐘十點多了，於是告辭，動身前她還進洞房鄭重叮嚀來妹：「凡事都要忍耐，忍得一時前面是條康莊大道。」

「仁嬸，我會的，請你順行吧。」來妹感謝道。

仁嬸助人完成一樁大事心情十分愉快，歸途在車上她還期盼他們夫唱婦隨，早生貴子，家庭美滿，愉快過日子……。

仁嬸她回到家時十二點了，愉快心情依然未曾絲毫稍退，不料門一打開竟發現來妹早已坐在起居室裡面了，她低頭不敢見人而一身髒亂，褲管都沾滿泥汙和草籽。

原來仁嬸告辭一轉身她也緊接著開溜，她走田間捷徑，又怕有追兵，故拚命跑。仁嬸搭車七等八等而致來妹捷足先登。

三十一、丁長秀中當軍伕

白米事件官方窮追不捨，堅持追個水落石出，丁長則為了免於累及仁叔而偏不供出真相，警察一怒便至少摑他二掌，令他羞憤不敢見人。

白米事件夠煩了，不料來妹有惹起逃婚事件而男家竟控他藏匿人犯而告到派出所，真是一波未平一波又起而應訊的次數更為頻繁，警察辦事的態度也更為凶狠而事態又棘手不易解決。

最令他頭痛的還是胞妹，他埋怨她不聽話，每當親友帶她回夫家，盼她夫妻團圓，但都全未隔夜又落跑，看來二案的結果遙遙無期，經一再遭警察辱打後年輕氣盛的他終於發火了。

「姊妹全不認了，我要跑到遠遠去。」他以為若不是姊妹相認便不會惹出這種麻煩的事。他打算當軍伕離開是非之地，解脫囂張的地方官員魚肉糟蹋。

「我也當軍伕去。」秀中和丁長形影不離的，他倆以為到戰地當軍伕彼此還有在一起或相會的機會。他把過往的不屑當軍伕態度一百八十度轉變而把過去不屑當車伕的態度轉為狂熱而樂不自勝。

軍伕的資格放寬了，文盲都得報考。高雄軍部天天都忙於體驗工作。丁長、秀中應檢當日公路上一輛又一輛的貨卡載滿男丁，他們的狂熱都達巔峰。一路軍歌，響徹雲霄，那都是日本軍歌填進閩南語的，專供文盲唱的。

他們受檢及格後還常唱起軍歌：「愛國青年真踴躍，去到高雄試驗身體，個個優秀蓋有勢……。」這首歌流行一時。

那些男丁都在家鄉飽受地方官員蹧蹋刁難有夠慘而想擺脫桎梏，也以為在家鄉抬轎，倘若跑到那邊卻有轎坐了，故如此狂熱。

丁長、秀中兩人的體格都標準的一切合格，他倆都樂而忘形，當回家後還時時哼起軍歌，還搖頭擺尾。

不日他們都同時接到通知準備出發了。出發前天天都接受餞別宴，首先是彨姑再而魁妹、城妹、真妹……最後為仁嬸，也就是出發前夕，餞別會他倆必連袂一起赴宴。

仁嬸為一位巧婦，善養雞鴨、善種菜且善做菜。她宰一隻鷄有部分白斬，部分烹紅麴，內臟則配青菜，荷葉蛋……非常時代可算很豐盛了。席間仁嬸一再語重心長叮嚀他倆：「出門在外凡事都要多忍耐，且眼光要放大……。」她最擔心年輕人逞其血氣，不曉忍耐以致誤起大事，或毫無眼光不知進退……。

「有機會出外看光景死也無恨了。」他倆總是樂觀異口同聲。仁嬸聽到他倆說死無恨以為不吉利。

他倆凡赴宴都應酬而已，不過吃幾口，夾些菜談談話。而次晨他倆便上潮州街搭火車出發。

倆人到高雄軍部便被分開了，秀中有學歷被派為飛機場的後勤。丁長不識字則派為前線步兵的後勤，同是往呂宋島，但坐船則不同在一起，但都是黃昏趁黑出發。秀中的坐船早二十分鐘動身，早二十分鐘動身的竟逃過美國潛水艦的狙擊。丁長的坐船後二十分出發便無此幸運了。船出港不過幾分鐘便轟一聲天搖地動，火光照亮海洋而船便開始下沉。司令台便正在喊：「準備棄船了，請各位戰友跳海求生。」船上同時猛拋救生圈。

同船的丙郎半生務農不見過世面，生死關頭還看這邊說「這麼深」看那邊也說「這麼深」不敢跳。不一會便連船帶人滾入海中了。丁長跳船還抓到救生圈，一陣掙扎後便被救生艇救起，雖拋下許多救生圈，但八百乘員中僅救起四十人。

運兵船遭擊沉的消息全封鎖，丁長等獲救的同事則被悄悄安置於軍區隱密角落宛若軟禁似地。算起日子丁長該到南洋了，金日三兄弟都以為長哥已在南洋過起戎馬生涯了，時常閱覽戰地繪本的金月，腦際裡便不斷出現長哥戰地生活的想像畫面。

丁長等四十名獲救的軍伕經軟禁二十天後正好又有運軍伕的船出發而他們便同坐這條船，這次則順利抵達了，而進駐到呂宋島。

他一踏進該島始喟嘆大大出乎想像，在家鄉常防空演習但未聞煙硝味，該島則天天都敵機都在密集進行空襲，敵人的反攻登陸也在即，他們的任務就是積極進行構築反登陸的工事而不眠不休，隊長又如凶神惡煞。他們常常吃飯中跑警報，睡眠中也跑警報，弄得個個隊員焦頭爛額。

此時他們始懊悔大錯特錯而怨聲載道，有的口無遮攔的同事一抱怨便自嘲：「唔，想坐轎，想做官，現在性命都難以保住了。」

有一位輕狂動輒七嘴八舌，名丁豹的同事吃飯中正好響起空襲警報而疏散中他邊跑邊罵：「何不把炸彈落在我身上，大夥死掉算了，免得天天辛苦跑警報。」他的話觸霉頭，當晚還未發警報，也沒聽見飛機聲而炸彈竟從天上而降，正中他們一隊的營房而一隊人都粉身碎骨。

丁長、秀中在高雄軍部被分為不同軍種不同駐地，不過同是前往呂宋島而倆仍以為可以通信聯絡，但苦無對方地址。秀中曾一再寫家信想從仁叔那邊獲知丁長的駐地，但一連寫過數封都沒有回音。原來軍部為了保密而書信全被銷毀了。

丁長也一樣，一再託人寫家書，同樣都全無回音。他處於烽火連天的戰地而關心起家鄉、仁叔一家人、更關心丹鳳等一群姑娘們，懷念昔日歡樂的日子……。

他自明離國幾千里，世界風譎雲詭，日本的處境已岌岌可危，有家歸不得，只有盼望戰事早日結束但看來終戰又遙遙無期，他常望著港口出入的船艦興嘆：「船啊，何時能載我們回鄉？」

金日三兄弟則時常念起：「長哥那邊不知好不好，連一封家書都沒有。」不過接著又想：「長哥不會寫信而託人又麻煩吧。」他們都常如此關心又埋怨又同情。由於台灣雖常發警報，但從未見敵機出現，各種媒體都報喜不報憂，學校老師還積極宣傳皇軍節節勝利，故三兄弟還以為長哥在那邊過得好威風快樂呢。

丁長出發時坐船遭擊沉，同鄉的丙郎已葬身海底，而美軍早已登陸菲島，日軍陷入苦戰而在垂死掙扎……，這些種種台灣民眾全被蒙在鼓裡。

仁嬸極為關心丁長，秀中的安危，因一去便音訊全無。她深悟「走馬行船三分命」的古諺，尤其出發前夕他倆異口同聲的那句話：「有機會到異國看光景死也無恨。」的喪氣話而她認為不吉利觸霉頭而總是憂心忡忡。

在家鄉的仁嬸憂愁身處戰地的丁長，而丁長則因日夜不休在挖戰壕構築工事，儲備彈藥……弄得自身安危都忘記了。

離鄉幾千里，音訊完全隔絕，在單調乏味的戰地裡，惟一能給他們安慰的是當一陣勞苦工作後十分鐘休息時間同事大夥聚在一起吸煙閒話故鄉的種種他們同事有的住台中，有的住花蓮，有的台東、有的高雄……，談起故鄉人物，生活習慣，或當地特產……也算重溫故鄉舊夢，給他們多少減輕了思鄉之苦。大夥不過作伙半載便親如兄弟了，且滿懷憧憬盼望終戰回鄉結為金蘭，彼此來來往往，守望相助。

不過大夥都關心這場戰爭將打到何時，日本已成強弩之末，美軍則大肆反攻，我們這呂宋島再也不能倖免於戰火蹂躪。

大夥在談論時綽號小諸葛的金鼎道：「寒班島已淪陷日軍全體玉碎，美軍則雷霆萬鈞加速進行攻擊，看來美軍找上門的日子已不遠了。」說過他竟有如發現美國艦隊已出現了似的眺望起浩瀚碧波盪漾的太平洋。

三十二、洞塌大頭春枉死

金月一開始懂事便常聽家人或是鄰居說「你這個大頭春」或「我又不是大頭春」……而耳熟能詳。稍長，便常見大春頭他在早晨荷著圓鍬和一群工人一起動身上田裡幹活的畫面。

他常聽到人家以「你這個大頭春」以罵人家笨，或社交中動輒以「我又不是大頭春」……而意識到大頭春是個愚笨甚至弱智的人——愚笨的人是不會侵犯人的，故初生之犢的他每見到大頭春都滿懷安心之感。

大頭春面大胸脯大、不過下身稍嫌小，呈鴨母腳。他對人人都友善，從未有過脾氣。人家笑他罵他消遣他……而他總是露齒莞薾。

他專幹粗重工作，幫人家挖溝搬土，肩負稻穀……沒一天遊閒。和伙伴一起幹活其中奸雄者專挑輕鬆的部分幹，故意將艱難辛苦的留給他幹，而他從未埋怨過，總是勤奮地幹。有食則貪吃者走前頭而將粗劣的或走味的留給他。他胃口好見食物便唏哩咈嚕一肚飽而皆大歡喜。

他的愚笨，忠厚正好滿足了世俗佔便宜心理、好贏、自豪、自負……私慾，故有自私小人當與人相處時若付出舉手之勞便道：「你們不幹，我大頭春幹。」自喻自己是個大頭春，已犧牲夠多了，流露著小腸狹肚的小人心。

村裡有了大頭春帶來了不少樂趣，把村裡生色不少，由於他不會擾人害人，打人罵人，和他半路相逢或一起在身邊都放心不用防人之心而完全安全感，故村裡大小都喜歡他。

這時代雖然中日戰爭已開打了，但仍一片太平盛事的景象而物質無缺民眾生活安樂，男性都在鄉務農，故每當晚飯後休息時間馬路上便見許多人在散步，尤其大廟前的那棵古榕下時常都有大批人群在休息納涼談天講古講傳。

該古榕下築有好大的階壇，它都以磨石子建成的，乾淨光滑，坐在其上又涼又爽，可謂民眾起居地方，不過人家在談論或話家常，講古講傳而大頭春他都鴨子聽雷，人家笑到高潮迭起而他卻獨自在呼呼打鼾。

家有家風，他已有三十歲了，一般來說他已當爸爸很久了，但他的胞兄陳丁坤卻視他為小孩，每當夜晚便老是望望時鐘當看到時間已十一點了，而未見阿春回家睡覺便荷起一支大棍到處找尋：「阿春哪！阿春，阿春，阿春。」當發現他是在外面睡覺便不加以叫醒而予亂棍加身。

他經第一棍便知胞兄來趕了，而勃然爬起也無看看是誰打他便拎起一雙木屐倉惶往家裡直奔，撞進臥房乖乖睡覺了。雖然夜深了，但尚有青年謝經祥、張阿運和其他幾個民眾流連忘返，他們看到此有趣的畫面不禁捧腹大笑。

以後大頭春還時常夜深時在樹壇上睡覺，激起了經祥想再看當夜有趣的畫面。於是招阿運道：「我們把他戲一戲如何？」年青人好玩，閒來無事想解解悶。

於是當大頭春深夜又再壇上睡覺呼呼大睡時，阿運便找一支小棍往其腳盤一觸，不料出乎想像他竟如炸彈爆發一般勃然爬起也無看看是誰在戲弄他，便拎起一雙木屐風馳電掣狼狽往家裡一直疾跑。民眾都感到有趣，都喜歡看這種畫面，他則偏要樹壇睡，人家則每見便以小棍加以戳弄，他則總以為胞兄來趕而勃然爬起而不看是誰弄便狼狽跑回家。故這種有趣的畫面時常上演。

但好景不常，二戰終爆發了，台灣進入了非常時代，青年男性一批又一批被徵召到海外，物質日用品也缺乏起來，民眾的生活也多受限制，榕樹壇的盛況便大不如前，每當夜晚便少見人影了而留下務農的寥寥幾個上了年紀的男性在坐。人家都以為大頭春絕對不會被徵召。因為他算是一位殘障，殘障不但做不來還礙手礙腳，政策也規定殘障為徵召範圍外。不料地方官吏搗鬼，仗勢胡作非為竟把低智的大頭春也徵召為農務員了。

農務員為要當兵還是當軍伕年齡嫌過大，又不識字而政府把他設計為平時在家務農而當政府進行重要工程時便徵召服勞役稱之為農務員。一旦徵召便到左營築軍港的工程服一百天的勞役。軍港的工程浩大無比。竣工尚遙遙無期，故勞役須一次再一次週而復始，曾有不少人服役過二次的或三次的。

他與世無爭，縱然想與人家爭也沒有那些智力，更不會巴結人，一般人員見那些隊長曉得肅立向他們敬禮或陪笑，而他則統統不曉，只有嘴開口呆任他分派，他分派為最吃力，最辛苦且最危險的挖山填海的工程單位。

農務員的工地生活完全軍隊管理，伙食不但量不足還粗劣難嚥而連洗澡水都沒有，早晚都必經點名報數，上下班則一路吶喊軍歌，帶班的隊長完全軍人裝束，一臉凶狠，若被發現沒唱歌便以拳腳痛打一頓。

軍港的工程真是浩大，當上班時間放眼無邊的港區可見一群群正賣力趕工的工人，部分限期完成的工程則日夜趕工，有的潛水移石，有的以吊車吊起萬斤水泥磚砌港岸，有的疏濬淤沙⋯⋯。大頭春他們則為挖取山丘的泥土裝進台車，然後推到港邊填充港邊窪地，其過程都十分艱險。

工人從山基開挖而山巔則不易挖取，挖著挖著山丘終形成一扇絕壁或山洞，此時工人必須邊挖邊仰首看看上面是否有落石或崩山，不然則有活埋之虞，不過工人活埋的消息依然時有所聞。

他們在工作並不是時間到就下班，而是由上級指令「今天挖足二百台土方」雖下班時間到，但若指令的台數未足則還要繼續幹。若是挖山遇上石層就陷入苦戰了。領班的班長則執一支大棍在監視，若見偷懶的或者疲憊不堪爬不動的便以大棍侍候。

團體生活中難免有不肖之徒，不曉患難相扶持，倒見他憨直可欺，便將最辛苦最危險的工作，總想盡方法誘他上第一線，偶有誘不到的情形則以食誘之。他嘴饞，食物這一關他過不了。他本強壯刻苦耐勞人又忠厚，故他總是在前當先鋒。

同事中有叫順子的人十分狡猾，最常欺侮他。順子以欺侮弱者而怡然自得，常抓起大頭春的兩耳將其頭堆前拖後加以戲弄。大頭春連三歲孩兒欺侮他都從不反抗的，故順子一向都以這樣戲弄他消遣。幸好有個同鄉何添財同隊不同班，他以好言勸順子多多照顧，順子見他身材威武以後便完全收斂了。

添財不過十七歲，此年齡當軍伕還是當兵都還不足，按政府的規定他還不是農務員的年齡。農務員的徵召對象為對當兵或軍伕已超齡而務農者，由於地方官吏的搗鬼，把有財有勢的給跳開而由不應該的少年充數。

親不親故鄉人，為了照顧大頭春，添財一空便和他形影不離，這樣既得鄉情溫馨也能防他被人家欺侮。

「你的糕子板尚有幾塊？」添財忽然問他。

「有這麼多。」他連簡單的算術都不曉，只好以兩手捧物的手勢來形容他從家裡帶來作為役期止餓的糕餅。

入營服役普遍都攜帶一箱百塊糕子板當乾糧，一天吃一塊以止餓，百塊吃完役期也滿了。添財問他帶來的糕板尚有幾塊，他雖以作手勢答覆但也懂得役期將滿了。添財慶幸阿春將順利平安回家，也將與大頭春離別了而依依不捨。

不過再十天役期滿就返鄉了，大頭春依然當先鋒在打拚，不料因連日趕工下，同夥們一時為了因應上級的不斷強迫趕工而一直挖取鬆軟部份應急，終挖成了一口深深的山洞，於是他們便有如在深深的山洞中工作。而且還毫無警覺而繼續在挖。

他們挖著忽然轟！一聲，一堆土方從洞頂而降，正壓住大頭春，同夥連忙把他挖出來，雖然不見任何外傷但見老是流鼻涕，同夥們都以為無大礙，但公醫趕到時發現他並不是流鼻涕而是大腦給壓破而不治。

日本人善用宣傳，連死後他還用得著，又逢戰時，更需鼓勵台灣人為他們賣命犧牲。故大頭春之死定為國殤而告別式的場面空前浩大，各村落的保正，地方政府機關代表，學生代表，民團代表，群守大人……都到場參拜。

群守大人的大駕以數部烏頭車同行而旗幟飄揚，好幾百小學生夾道歡迎，一時村裡萬人空巷。

一個貧賤小民死後如此盛大哀榮令人作夢都想不到的。有許多人羨慕以為如此哀榮人生有價值了。但也有許多人不屑，以為在貓哭老鼠，當他有生之時百般淩虐，死後始裝模作樣，此何異一場諷刺。

三十三、大頭春復活

俗語說「外甥肖母舅」此話一點都不錯。

大頭春唯一胞姊嫁本村，名丙秀嫂，早喪偶，生二女一男，萬萬想不到這唯一男性竟完完全全肖母舅。外貌有如同出一模型，連精神方面都和母舅一樣低智，唯一不同的是母舅對人友善而勤奮不息而他則對人開口閉口都出三字經。

丙秀嫂因先夫未曾遺下絲毫恒產，故生活十分清寒。二個女兒都沒有入學唸書，不過數歲時便荷鋤隨母親到會社農場當童工。母親將來對兒子照華也打算和二個姊姊一樣不入學而當童工，丙秀嫂自明兒子低能縱然給他唸上一千年書依然還是不識字，而且世俗總是倚強欺弱，軟土深掘，若給他入學則必遭同學飽受霸凌無疑。

不料時代隨時在變，二戰伊始日制下的任務教育便改為強制入學了。做母親的她不得已只好報名給他入學了。她祈求上天保佑能順利唸完六年級以免長久給同學欺凌。

照華因酷肖母舅「大頭春」又醜又低能，而連小孩都想欺侮他而對他開口閉口都罵「大頭春」。日久竟有許多人不懂他的本名，更有不少人誤為他是「大頭春」本尊。

不出所料，他一入學便無日不受同學侮辱欺侮，因他沒智力跟人家打架或結怨成仇，故同學只以戲弄或侮辱他，而不和他做朋友，有食不給他，壞事則推給他……。以滿足自大、小利……喜勝心理，不過未曾傷害他身體。他的母親和姊姊也因此而安慰。

丙秀嫂以為六年時間並不算久，若加以想開便很快過去，當畢業後家裡便加一人打工增加收入。不料照華唸過一年，因毫無成績被定為落第而留級，第二年亦同樣落地不升級。此問題讓母親比入學時更為焦急擔心永遠都不能畢業。

「唔，唸過一年竟落地不升級，唸二年依然仍是一年生，看樣子唸過一千年仍然不會畢業，如何是好？」她不禁焦慮喟嘆。

她為兒子的唸書問題而煩惱痛苦。但很快便想起：「社會上風行送禮請託辦事，我何不也以送禮請兒子的導師中長老師網開一面，睜一眼閉一眼蒙混過關？」一個無學識的村婦竟把教育大事視為一種玩意。

以後當家裡母雞生蛋時，她就自己不用而把它留起來，當有一大包時便當禮物送中長老師〈註一〉。中長老師早喪父又是單丁，未婚，故他來台灣教書也把乃母一起帶來台，同住新埤國校宿舍，她閒來無事便時常在校門前一條大圳釣魚。

丙秀嫂一句日語的應酬話早安晚安都不會講，故成行時便帶兒子照華同行，以為照華雖然一句都不會表達，但老師一見他便能會意。

當照華交一包雞蛋給老師，而老師莫名其妙。但隨即：「喔！」意會到請他多照顧照華的意思。丙秀嫂鄉下貧婦，所穿一身粗布且七縫八補，而老師母子則衣錦光鮮，但也親切請照華母子入坐招待，丙秀嫂則一句多謝都不曉講而總是拜佛一般合掌一拜再拜以示謝意。

老師的母親，老太太以為家長熱誠送禮而拒收不好意思若收下則又更不好意思。她尷尬一陣後決定把它收下後再以禮物回送。

於是將禮物收下後便以高貴的磁製餐器答禮。鄉下人普遍都沒用到如此高級的餐器而一時傳為佳話。以後每當母雞生蛋便拿到宿舍送老師，而老師便將過時衣服，時鐘等做為答禮而彼此終成為至交，日常來來往往，老師也懂得她希望多照顧照華之意。

丙秀嫂一直送禮而對請老師網開一面讓照華蒙混過關得以順利畢業日語她不會講也不曉以手語表達而只好請太伯的兒子鍾嶽華當翻譯，因他正在唸中學而日本語很溜。

「老師好，老師健康萬歲，家嬸衷心懇求老師多多照顧照華，睜一眼閉一眼，萬望能讓他蒙混過關而能夠順利畢業，萬事拜託老師。」嶽華代嬸求老師道。

「哈哈哈，這是國家教育政策，我小小一個老師豈能做主？」老師感到好笑。

丙秀嫂異想天開，以為一個老師就能隻手遮天，結果完全失望，照華依然落地留級。好幸不久政府戰爭急需人力資源而把學生的落第制度給廢了，而照華得以順利升級，不然愚鈍的他唸到長白鬚都難得畢業。

當照華唸到六年級時中長老師便奉命榮調到屏東街一所國小。當搬遷時由於運載麻煩於是老師便將不常用的家俱、工具、餐具……全送給照華，令其家裡的破舊的土确厝堆滿沙發、掛鐘……琳瑯滿目。

照華經三次落第留級，當畢業時十七歲了，乃母早胸有成竹決定他畢業後便幹會社工維生。不料當時天天都在空襲，會社的甘蔗園時常因空襲起火燃燒燎原，連製糖的工廠都常挨炸彈而都停工，而沒會社工可打了。

沒有簡單千偏一律的會社工作做，稍有拐彎的工作又做不來，於是他遊手好閒，聽見何處人多熱鬧就跑去看，也常在馬路邊和一群數歲年齡的小孩氣噴噴地在吵架，他吵架並沒有一具有意義的或狠毒的話，總是開口閉口都是三字經。

他僅一件短褲就能過冬，而終年都裎胸露背不穿衣衫，一身肥肉而從未生病。乃母和姊姊見他吃飽了玩，年紀大還尸位素餐：但母姊已習以為常。她們都曉得想:「怨自己的命，若他能健康生活而我們了些米何妨？」

他遊手好閒，當人家喜慶嗩吶一響而他便湊近，而主家必遞上一支菸，人家請的菸是不費錢的不抽可惜，於是人家有請必抽而終成一口大菸窗時時要冒煙，當見有菸可要的地方他便湊近想要香煙抽。人家辦喜慶便自動上門七手八腳舉手之勞便有剩菜剩酒吃喝而終於學會喝酒。

住莊頭的福壽他身為公務員，他有一塊祖地在郊區，經營一座農場，因自己無法躬身下田而所雇的長工又一個比一個狡黠，好偷懶，喜偷農作變賣，動輒要求加薪，不給加薪又跑，故一直都苦於找不到適當的長工。

他發現照華壯如一條龍，又在遊手好閒而便想：「照華雖然嫌笨，但他絕不偷懶，不偷東西，也無智慧對薪水斤斤較量，若請他當長工看管農場，我便不在受分身乏術之苦了。

「照華，我倆一起住在農場裡很多香菸，又很多酒，還給你錢，你願意嗎？」當福壽跟他相逢時請他一支菸後說。

「嘿嘿，你農場裡真的很多香菸，很多酒嘿嘿嘿我不要！」他以為在說笑。而乃母和姊姊獲悉也都群起反對。她們以為家裡雖貧但不忍照華為幫人家而受苦。

福壽想請照華來管理的夢想失望了，而舊日的煩惱又回來了，有一天友人順良來訪而他便和順良談起此事。

「先給他一些錢。」順良治人有經驗而教福壽。福壽真的無故給照華幾張鈔票。他便將這些鈔票買菸酒猛抽猛喝轉眼錢空菸酒也空，卻由儉入奢快，竟自動找福壽亦步亦趨卻不曉說要錢，福壽則心知肚明其意。

照華因癮酒、癮菸、癮錢而終於住進農場當起長工。福壽還受順良的指點跟照華以兄弟相稱，增加親密以買收他的心，盼他能賣力。他雖笨，但凡事照實，若善加輔導則十全十美了。福壽如得至寶喜出望外。

但他不知抽煙有害健康而愈抽愈凶，他外表雖依然肥肥壯壯卻害上癲癇了，常常忽然倒地痙搐，口出泡沫，不少人勸他戒煙他卻不願戒。故藥石都不見效，福壽和其親友們都替他遠慮，擔心將來，不料他竟忽然失蹤，從人間蒸發了。

他的失蹤引起許多揣測和流言。有人認為他遭山洪沖失，有人則以為車禍傷亡而遭滅屍，又有人認為他憨直可能被誘而成替屍。不過前者最可信，因為他失蹤當天山洪爆發，許多人趕去檢漂流木而卻發現成排的大西瓜從上游滾滾流下而引起人群歡呼搶拾。他的農場離河不遠，大概他聞風趕去湊熱鬧而遭不幸。

註一、中長老師榮調到屏東街後有一次空襲時老太太中彈喪生。當大戰結束回日本後仍教書為職。

經十五年後他在屏東街的學生有不少頗具成就者，於是請中長老師來台參加同學會而他未忘記以前卑賤的一位學生照華，而次日便從屏東專程趕來看照華，但他早數年前已失蹤了。

丙秀嫂深深感謝老師而合掌淚汪汪一拜再拜老師。

三十四、大頭春又復活

村人習慣以「你這個大頭春」罵人笨，名子有春字的也最容易被罵「大頭春」。

林連春小時家貧，貧窮人家在世俗眼裡做什麼都以為不對，故動輒被罵大頭春，而且他名字又有一隻春字故日久習慣成自然，甚至後輩們都誤為他就是大頭春本尊。他的單親媽曾遺下一塊水田，但他不是種田的料子，情願把水田變賣後而不務正業，遊手好閒。

當大戰非常生活時，政府施行配給制度，一人份一個月不過配給二兩豬肉，而且還要排隊排上半天，甚至任何食品都缺乏，百姓都在半飢半餓中，於是私宰便應運而生，無論大小地方便有人進行私宰而偏遠的村落私宰更盛。

以私宰為業者都是過去無業而不怕死的人，因為一旦被警察抓到則都被打到半死。不但男性幹這一行，竟也有女性巾幗不讓鬚眉，南部有個婦道人家，她專幹私宰而將屠體扮成嬰兒，給穿上手套穿襪戴帽……然後以襁褓揹上而又覆以圍裙，然後搭火車將其載到大都市販賣，她以此障眼法一直都很順利：但日久終被識破，因她揹的小娃從未哭過一聲而被起疑露出破綻了。

這個大頭春起初在自家廚房進行私宰作業，他在裡面忙，妻子春嫂則在門口把風，約定「若有可疑的人來則跟他說話大聲一點。」夫妻以為這樣在裡面的人便知道有人來了而暫時息鼓。

他不過在廚房作業數天便有怨仇人向派出所檢舉，而警方便登門進行調查，此時阿春正在廚房進行作業，春嫂則在門口把風。她真是個賢內助，她一見警察來便連忙迎訝，並大聲說：「大人請坐，請喝茶。」正在作業的阿春獲悉有人來了，便把前門一反鎖而從後門跑進臥房裝睡了。警察雖接受招待，但還時時把視線向每一角落搜索。

不多日後又聞警察將包圍搜查，他只好趕快跑到一處偏僻河邊夜間作業，不多日後又跑到一里外的森林裡作業……，總之他幹這一行最敏感風險大，怨仇人會告，警察會抓，他的生活躲貓貓一般時時刻刻都在改變地方。

民眾不但遭糧荒之苦，也受肉荒而缺營養，家有兒子還是丈夫在海外當軍伕者每月都有數目可觀的銀單可領而荷包滿滿但找不到食物可買，他們平日總是洗耳打探何處有人在私宰，若獲悉何處有人家在私宰便趨之若鶩，再遠再暗都跑去搶購。

當豬一宰好顧客便一擁而上，而這邊顧客說：「來，切一塊給我。」那邊的顧客也說：「切這塊給我……。」不過片刻時間便搶購一空而賣肉者一賣完也立即收拾現場不留絲毫痕跡便離開了現場以逃避有人檢舉而警察隨時來抓。

阿春幾乎天天都在宰豬賣肉，其豬源都來自村裡的人家——村裡自古家戶都養豬為副業，養一頭、二頭、三頭甚至數頭，其用意都是將廚餘或農產廢物利用。

政府有專人負責管理豬籍，時常調查人家的豬舍，紀錄某人養幾頭豬，體重約有幾公斤。當豬長大到五十公斤時便可申請公家收購，公家收購後宰殺部份供給軍方而部分則配給民眾，豬頭則送回飼主享用以之鼓勵。

不過收購的公定價甚低，民眾倒喜歡賣給阿春私宰，然後買一頭小豬頂替充數。民眾這樣偷天換日手法其實三歲孩兒都瞞不過。

「你的豬怎麼愈養愈小，做手了吧？」豬賣給私宰已成公開的秘密，習以為常，調查員雖然一眼便看出主人做了手。但當他們調查並沒有加以過磅，故難以求證，事情也就矇混過去。

「大人啊！豬沒東西吃怎能長大？命能保住就很好了。」養豬戶以這句話搪塞。

調查員每聽到這句話都氣噴噴「唔」一聲拂袖跑了。

孫阿安買回二頭小豬養，豬雖小，但外行人都能一眼看出牠體格好，是個好豬種。他是賣板條生意的，非常時，人家的豬都缺飼料吃，惟他的豬光吃廚餘都吃不完。故該豬長得很快有如膨風，外人的記憶裡彷彿眨眼一瞬間，他的豬已長大到百多公斤了。

豬重五十公斤便可申請公家收購，但他嫌公定價太便宜而不願申請，豬也一直在養著。非常時想見如此大豬可謂鳳毛麟角的，故很多外地人前來參觀而傳為佳話。

不料有一夜二頭豬一起失竊了，而引起舉村嘩然老幼都好奇跑去圍觀，五年級的金月也跑去觀看，此時警察已趕到現場了，他腰間佩著銀色警刀，阿安則引導他觀看竊子的腳印：「諾，竊子從巷口進入然後到豬欄打開豬欄門……。一路都可見其腳印，有一記完整清晰的腳印阿安早把他以包裝果子的大眼竹籠蓋著，以防弄混。正當阿安引導警察指指點點追蹤腳印時，攬胸圍觀的長輩們都異口同聲不屑地說：「還有誰，豬大，腳印大，若非某人沒有如此大腳印，若非他也奈何不了這麼大的豬。」大多數人都認為這麼大的豬若非大頭春是奈何不了牠的。尤其他腳大體魁梧。但這是揣測，難以肯定。

豬誰竊神不之鬼不覺，但未曾見過阿安有所抱怨倒動輒炫耀富有，時常荷包滿滿出手闊綽。由於賣給私宰則較公定價好幾倍，大概他由此發了一筆財。

當村裡缺豬時，他便跑到箕湖村買豬，箕湖與建功若走田野捷徑則不過三公里路，中間一片河床地而彼此相望。箕湖人養豬以放養方式，不用豬舍而讓豬跑到廣大河床覓食，當主人餵食時呼叫：「咿呀，伊喲。」牠們耳尖便嗚，嗚跑回吃料。因不用豬舍，調查員便無法查出誰養幾頭而主人便得自由買賣了。

他白天上箕湖看豬買豬，當夜闌人靜時又再去扛豬回來，故時常都請友人信古幫忙抬豬，他們把豬抬回後立即宰殺，也隨宰隨賣，他依然如前母貓搬家一般，時常變動作業地點，不過最常在郊區一處小河邊有一叢長枝竹下作業，其距離不遠又是仁叔的牛車庫，正好給他的顧客休息等候買肉。

顧客有夠耐心了，他們一但獲悉何處有人私宰便風雨寒流無阻而無論半夜還是拂曉都立即跑去。阿春和信古還正忙時而顧客們則在仁叔牛車庫休息等候。牛車庫都沒設門，車台又可當椅子歇腳，於是他們便在車庫談笑風生等候買肉而成一種快樂時光。

當阿春，信古把一切收拾好要開賣時，信古舉起水勺連敲三下「鏗、鏗、鏗」而車庫裡的顧客便蜂湧而出，豬肉片刻搶購空空。

他倆時常半夜趁黑上箕湖抬扛白天所買定的豬隻回村而必走經河床，豬重都不超過百台斤，倆抬扛起來算是輕鬆，故倆都咬起煙斗邊走邊談。

有一晚天空有星有殘月，倆談著走著而在前面的信古忽然驚叫:「有人！」而倆立即將担子放下，並移至灌木邊傾聽人聲方向。阿春聽見人聲從地瓜田那邊傳來：「這邊有，你到這邊挖。」

「我這邊也很多。」聽來有好幾個人在談話，都是年輕人的聲音，且都講閩南語。

「啊，赤腳兵。」阿春聽過片刻便懂得他們是赤腳兵。

大戰末期日本已進入物質荒，所徵召的準兵員：名「警備召集」他們連鞋都沒得穿，帽子都以草編的，故俗稱之為「赤腳兵」。他們是因吃不飽忍不住飢餓之苦而半夜溜出營地到人家地瓜田偷掘地瓜充飢的。

不是警察，而倆又抬起担子趕起路：明知赤腳兵是不用怕的。但信古還怕得依然抖個不停，甚至回到長枝竹下作業地點時還在怕還在顫。

當準備燒脫豬毛的熱水時，信古握起水勺還在顫而水勺則不停敲著水桶邊：「咯咯，咯咯……」不過是一陣虛驚他仍然怕的要命，警察陰影還一直出現腦際。

阿春則膽大如象膽，若無其事，還談笑風生，他見信古不過遇上一場虛驚，卻顫個不休，於是譏笑道：「怕我的卵子，回到家了還在怕。」

102.11.16

三十五、勤姑的金銀財寶

勤姑十八歲出嫁，不過一年丈夫竟去世了，喪夫後她便開間小店賣糖果專做小孩食物生意而不久又開始賣起「蝦公板」——蝦公板為客家普遍而有名的傳統食物，以綠豆粉、米漿伴成的膏為皮，裡面以蔥蒜為餡而上面再嵌上二隻蝦而以長柄鐵杓把它帶進油鍋中煎炸而成。

村裡歷代都必有人做此生意，不過整個村落充其量只有一家，若二家以上則不大的村落顧客分散便經營不下去了，她做此行是因為上輩做此行的老太太德伯母在一場公牛打鬥相追逐時遭踩踏喪生，而村裡一段時間空檔無人做而始接下做的。

她的製造過程和材料完全遵行古法，從未絲毫增減，故她的蝦公板格外香酥可口。每當下午在進行販賣時，整個村莊都瀰漫香氣，也引來許多老幼圍觀購買，有的買幾塊外帶，有的現場品嚐。切成幾小塊抹上醬料再包以幾片生茼蒿則再美味沒有了。常見三五老好一瓶酒幾塊蝦公板便樂如神仙，這些種種畫面蔚成村人的生活景象。

她開始自吃其力時並沒心懷什麼具體遠大目標。因為她不過是一位不識字的村姑，她時常抱怨娘家父母一生都貧困，因他們常常把辛苦賺來的微薄金錢浪費在無謂的交際，甚至打腫臉來當胖子，而長受喜愛笑貧的左鄰右舍百般譏笑，為了洗雪前恥她立志勤儉，起碼不讓人家再譏笑貧窮卑賤。

她做起生意成功順利賺錢可謂當然。由於她勤勞認真凡事不阿，貨真價實而收入穩定，雖然為數不多，但她認為辛苦而所賺的錢一分一厘都要不加浪費而積蓄起來。

她一家只有她孑然一身不用奉養公婆，培育子女。她個性也孤僻，少與鄰居來往，少有交際。除了極親外從未與外人禮尚往來，更沒曾聽過有男性敢接近她，故她所賺的錢粒粒精。其房子又是公公在世時已蓋好，雖是一幢樸素平房，但尚不用急著花錢改建或翻修，僅便所一項因早人多不注重衛生而只挖一窖，而架上二塊木板就在蹲了。她最注重便所衛生而予重建一間現代化便所為當務之急而她也只花這筆錢而已。

她每天做生意所賺的錢，當就寢時便丟進臥房一口抽屜，當積有不少時便取起買龍銀或金條而暗藏在棧房的最暗角落的一口大甕，上面還堆上各種器物讓人家看不出器物下面還有東西。

貧苦家庭出身的她作夢也未曾想過身懷財寶的日子，而令她不勝高興振奮，但也導致她更吝嗇而更大慾望積極向滿足慾望邁進。其慾望並無止境，也無什麼偉大事業目標只是越多金她越快樂，宛如俗言：「光看就會飽了。」

娘家見她沒有子女，認為人總要有後裔繼承家產延續香煙，經百般勸解後始收養一對子女。不料一對子女都書唸不好只好拒讀而打起零工，於是她不但不用繳學費花錢而還幫她賺錢。

「眾人皆醉，他獨醒。」她成富了但她的言談從未出現一句炫燿之詞，衣裳也總是一件粗布，不但看不出是個有錢人而還流露著一副寒酸樣子呢。村裡除了一位竊頭竊腦的紀姓青年外皆被她蒙在鼓裡。這個青年揣估勤姑必藏有不少財物而虎視眈眈。

這個紀姓青年木通習慣笑臉迎人，十分親熱，不過無論訪人家還是到某個地方則總是習慣正視或斜視詳細觀察每一角落。他不務正業而白天藉機尋找獵物而晚上則進行偷竊，得手後還譏諷失主：「你們這些傻瓜是天生奉養我的。」

他曾好幾次沙盤推演計畫向勤姑的財物下手。但勤姑雖以為尚沒有人家知道自己藏有財寶，但她一天仍幾乎巡迴財物二十四次，她的房屋排佈呈倒 L 型。長臂部分幾間為起居室和店面，短臂部分則廚房、柴房。長臂和短臂轉彎那一間則當棧房而棧房的門開在廚房裡，棧房因兩面受不到陽光，故採光較差外人總摸不著路而且勤姑都時常在裡面裝作弄東弄西，其實她是在查看財寶所在是否有異。

張阿寶有一塊文旦園在村郊而沒有築籬，晚間也沒有人看守，而人家想吃就進去採。木通就是其中常客。寶伯以為一個人吃不多，充其量也不過裝滿一個肚皮，故任人偷任人吃。

但木通不知足，他怕主人把柚子採收後自己斷了奶，於是他便拉一輛拖車進園而想採擷一整車回家儲藏作為一年的糧食，這時寶伯便不再原諒而報了警。

當警察要抓他時他便往山後逃亡。山後的台東廳、花蓮港廳都是犯人的天堂，因那邊多未開發，蠻荒狀態，戶政不完善，居民散居深山海陬，犯人跑到那邊便不易查緝了，故不少賭博犯或偷竊犯……怕警察毒打而逃亡山後，化名找工作而不少人日久便定居該地成當地人了。

木通逃到山後便投親一個住在深山的阿姨，後又化名進林班當工人。他身在異鄉而並未一日忘懷勤姑的財物，時常翻閱他的紀錄簿揣估現在勤姑大概已積蓄多少財物了。他看到所揣估出來的數字那麼高而更為動心，誓言非得手心不甘。

勤姑十九歲便開始自吃其力做起生意，不覺很快經過了四十多年，青春歲月便如此過去了，不過如願以償地獲得了可觀的財富。不過世事難料，二戰爆發軍事上急需大量貴金屬如金、銀、銅、鐵……，缺乏資源的日本只好向民間搜括了。他們鼓勵民眾將金銀飾物繳給公家，公家則以低廉的公定價收購，一邊放出謠言：謂若不繳出飾物等貴金屬製品而將來被查獲則不但被充公還得受皮肉之苦。

民眾的生活多貧苦，但女性出嫁時總有或多或少金銀飾陪嫁。日治下的民眾全是打怕的狗，毫無異議和反抗之力，甚至不敢偷藏丁點象徵性貴重的記念品而都把心愛的紀念品有如廢棄物般紛紛繳公而兩手空空了。勤姑當然斬斷她的頸項都不願將心血繳公化為烏有，她還替人家惋惜暴殄天物。

日人鬼頭鬼腦，洞悉尚有不少漏網之魚，不隔一月又發動第二回合徵繳運動，同時放出謠言謂：「現在科學發明了一種磁電儀器，無論把金銀……藏到再深的地底若經儀器一測便無所遁形。」

於是上一次大膽不願全繳的人家再也不敢偷藏了，都紛紛悉數繳出。勤姑則依然死都不願繳，但想不出藏寶的萬全之計。

在山後的木通從傳媒獲悉政府又進一步強徵民間金銀等飾物了，而不禁暗笑：「真是天助我也。」他深知勤姑愛財如命，死不低頭的個性，認為她絕對不會把幾十年的心血有如廢棄物繳公而必找個地方藏匿，那就給我機會了。「我要趕快返鄉。」於是偷偷潛回家鄉。

可怕的日子格外來得快，截止的月底終於到了，天一明她便有如熱鍋上的螞蟻，坐也不是站也不是而踏進踏出，看看外面人家的動靜，而外面則平平靜靜若無其事。她從清早一直煎熬到黃昏。

她到了黃昏時，還想不到萬全辦法，但非處理不行了。於是將財寶統統從棧房移到柴房而上面再以柴料堆積到高高以障眼，但一切收拾完成後始想起：「倘若官員進柴房探測豈不是一切都完了？」於是越想越感不妥。

因此恐懼的力量又令她在柴房的外側空地再挖一深窖，而將財寶再從柴房移到深窖埋藏，而上面再拋上二十多塊廢磚頭作障眼。於是她緊張一天可算結束了。但此舉累壞了她的老骨頭，她雖疲累不堪，但想睡又睡不下。此時快午夜了，她仍不願就寢而在院子裡獨坐，累到坐不下去了始想就寢而就寢前又在查看財寶一趟。

木通料事如神，懂得藏寶難得萬全地方，也臆及截止日勤姑必躊躇無措而急著處理。當天一黃昏便躍進勤姑藏寶附近的月桃花叢裡守株待兔觀察動靜，故勤姑的彷徨狼狽的藏寶過程他都盡收眼底。

他見勤姑進房就寢了便立即從月桃花叢躍出，連忙將藏寶挖起而盛入麻袋。然後把窖子恢復原狀而以無比的臂力把寶物舉上肩，揹負到早預定藏匿的地方去了。

勤姑躺在床上總難入眠。但一入眠則惡夢連連，見自己的黃金，龍銀被偷一空。她當一天曉便立即跑去看金窖，見金窖原封不動便撫撫心胸：「謝天謝地」。

往後的日子她日常都假裝弄東弄西而觀察她的金窖是否有異狀。

三十六、在海南島的日昌

日昌、秀中、丁長和丹鳳等一群姑娘為日常打工的親密伙伴，也時常一起休息聊天，一起出遊或守望相助，彼此過著有如兄弟姊妹一般。

當大戰爆發日人開始徵募軍伕時，日昌便響應立即應徵。他如此熱中當軍伕而離鄉背井是有原因：他好高騖遠，又見當軍伕有可觀的薪餉可領，而且最大原因還是他入贅於孫家而新妻總是無情地把持十全的支配權，不曉夫妻和愛，令他成為一個傀儡。他就是乘機想離開擺脫這絕望的是非地。

他因身體高大健康又具有國校學歷，故體驗、口試都一試過關而被選派為當警察隊，奉派到海南島。在前線警察也似一個兵，故經過嚴格的軍事訓練。他們的營地可遙望一片山巒又深又高，在最深最高縹緲處可見一股濃煙裊裊衝上雲霄，日夜不息令他大感奇怪，認為又沒有人說過那裡有溫泉，倘若是溫泉其煙霧也不會紮實如筒狀，色調也不會如此濃墨。

有一早，班上經一陣操演訓練後同事一起坐下休息時，山上那股裊裊煙柱又映進他的眼簾，於是想起問問鄰坐的同班劉雙鼎。

「劉的呀，山上的那股黑煙到底什麼一回事，日日夜夜冒個不停？」

「哈哈，我也是略知一二，據說那是共遊的根據地，為了報復日本侵略者之恨而設一座易守難攻的軍火廠於深山而日夜趕製武器，故工廠日夜都在冒煙。日人曾集結大軍計劃攻頂佔領，但正好大戰爆發兵員別調而胎死腹中……。」他雖同是台灣新到海南島的外地人，但他唸過中學且喜翻閱書報，故知得較多。

「共遊」這一詞對日昌來說聞所未聞，更出乎想像該島的敵後反抗竟如此壯烈，他們還拋頭顱灑熱血日夜進行反擊侵略者，以毛澤東的「敵來我退，敵駐我擾……。」戰術不斷進行狙擊、暗殺、突擊……而進行騷擾。

日昌那一隊人員後來被派保護一座軍火庫，他們荷槍實彈進行巡邏任務，當進行巡邏時他們每人間隔二百米而排成環狀人鏈不斷繞著軍火庫巡邏。共遊則無論日夜都會在附近出沒，尤其黑夜更為嚴重，他們時時都想加以破壞、狙擊……進行騷擾以動搖敵人軍心。

共游總是幽靈般早就潛進附近草叢或掩蔽的地形地物守株待兔埋伏，當巡邏員走進時便放一發冷槍而立即就跑，他們都穿當地傳統寬褲腳褲子走起來劈劈拔拔，剎時不見了。

因他明我暗，巡邏人員防不勝防，故損失慘重。若是夜間巡邏中邊抽煙則成為活靶了，百死無誤，不過仍有不怕死的，而時有因抽煙而送命者。

隊中的葉連祥可算為一個最早的犧牲者。他中槍，重傷而在治療中，因口渴難忍而悄悄爬去喝水，因此傷口發作不治。早期的犧牲者都有把其靈骸送回故鄉而鄉人始料到前方並不如想像中的樂觀。

當戰事進入危急時日人竟強迫隊中的適齡者當兵，日昌正好適齡，故被迫當兵而再經一次嚴格軍事訓練，然後被派到一處日人命名的村落獅野駐防。日人雖佔領了該島，但共遊時時到村裡騷擾，襲擊政府機關甚至向民眾徵稅、徵糧……。日昌他們就是擔任一獲共遊突襲消息就進行追擊任務的。

他們駐地為該村郊區，一個袖珍型營區，不過一小隊人員而隊長不過是一個土裡土氣不知天高地厚的上等兵。撮爾營地卻小小麻雀五臟俱全，有司令台、升旗台、廣場……。這上等兵在小營區當起隊長便猴哥升大王了。他不像猴不像人卻小人得志萬人遭殃，日本軍隊裡的一等兵可任意欺打二等兵的。何況他還具隊長頭銜，打人、蹧蹋人又能滿足自大的慾望，故隊長極盡整人的能事。

他每當剛吃過晚飯後時間正好為折磨隊員的時間，他召集排隊，嘮叨指責這不對，那不對，然後排列處罰打屁股一人一棍或二棍，或全體罰匍匐挺身而一直到軍方規定的每晚二小時的上課時間時始停止而再往村裡廟堂臨時教室上課。

經每晚如此無理蹧蹋後日昌始後悔當軍伕是大錯特錯，而更懷念起故鄉和丹鳳等姑娘們，回味往日一起打工的無憂樂趣。

隊長的殘暴人人痛恨，人人都想殺之而後快。不但台籍隊員恨他想殺他而連日籍隊員都痛恨有加。每當出任務休息時同袍大夥遞煙一起閒話時，話題總是咒詛這個夭壽隊長。

困獸必鬪，當進行野外搜索訓練休息時，很意外地一位名石億的同袍忽然走近日昌而同坐遞菸耳語談論：「我曾連絡過不少同袍，打算合力把他修理一頓以吐一口怨氣……。」日本軍隊裡若有反抗一定被凌虐致死的，但此時他們死也無所惜了。

當晚上他再凌虐隊員時，石億一喊打而日昌便把他堆倒地上，其他隊員一哄躍上而此一拳彼一腳打得半死。這種景象在日本軍隊裡見所未見，過去隊員在怎樣受蹧蹋凌虐只有啞口無言，忍受折磨。這次他們如願痛打隊長一頓報復後，但當冷靜後始後悔以為闖出了滔天大禍，各個束手無策只有坐以待上級殘酷處理了。他們都認為將有一場殘酷折磨，生死難料。

發生了這種陣前窩裡反大事而部隊長立即下令調查。哎，出乎想像，調查結果部隊長認為當隊長的不對，認為整體隊員都反抗他，一定他做不好而事件便由此而無事而終。這事件可算是日軍以理性處置的第一樁，也是第一個明理講理的部隊長。

那狂妄的隊長遭撤職後新任的隊長是個軍校剛畢業的菜鳥小田。他天真稚氣、衝動，自告奮勇。他自詡有能力很快就消滅共遊，故天天進行搜索山野追尋共遊巢穴而令每個隊員都疲憊不堪，以致於當夜間上課時大夥老是打盹。

有一夜剛上課不久，與日昌同桌鄰座的振英因太困乏了而聽課不久便伏案睡著了。當下課時大夥也因困了而十分想睡，當一下課便連忙抓起簿冊返身就往營房跑，也無看看人員都出來沒有便直奔回房。部隊規定下課回房一定要排隊，但他們不管那麼多了，因此便留振英一人一直在課堂睡。

共遊則每當隊員下課後就一定乘夜深而潛入課堂撿拾廢紙以蒐集情報的。廢紙裡常有可貴的情報資料可得，仇日的隊員也常把所得軍情寫上紙條而當廢紙丟，希望共遊能夠撿去。

誰知振英命大，每晚必來的共遊當晚竟破例沒來。而振英便一夜睡在課堂裡。當次日起床點名時始發現振英失蹤，隊員們很快就料到他一定仍睡在課堂裡，連忙跑去看，果然他還在課堂裡伏案呼呼大睡。他真是命大，當夜共遊湊巧破例沒來，若來的話他被抓去無疑。

隊長大發雷霆，指責隊員各顧各毫無同袍愛而進行連座處分而把大夥集合排成長列，而從後面開始迭次棒打屁股。日昌身高當排頭，聽見後面毆聲劈劈剁剁愈來愈近，他想當打上他時裝硬肌肉應打便可減輕痛苦，但想回頭看打到了沒有又怕被發現而打得更慘，於是只好肅立前看而身後一聲「劈剁」他便愣一下，劈剁又愣一下。

棍棒終於落到他身上了，隊長認為他與振英同桌鄰座而不顧他死活責任該由他負，故打得最慘，打到整個屁股腫脹不能坐。這一打令他感到無地自容，生不如死，沮喪到想一死了之，茶飯不思，以往半生所賴以活下去的希望、理想、信心……都被打到絲毫不留，他誓言與小田不共戴天，打算把他刺殺後自戕。

二日後輪到他站哨，他認為機會到了，利用荷槍實彈機會，當小田一出現便對準連開二槍，但都沒中，他只好竊轉人身高呼槍枝走火脫罪。

報深仇未能如願而他計劃一次不成後轉而決定投共。當午夜後他便偷取二顆手榴彈，一挺輕機槍和一排子彈而往五指山方向逃。該島荒野連綿，地形複雜令人摸不到路，也沒有道路，只有從微弱星光蓊鬱草木叢中摸索。

他走到山麓還不見共遊的營地而那時已拂曉了，已疲憊不堪，於是就地歇腳休息抽菸，當一休息便老是打盹而睡眼惺忪中彷彿有腳步聲而吃驚舉頭一看竟有二個女游擊一左一右以槍口對準他的腦袋喝道：「你是幹什麼的。」她們以為是入侵的敵人。

「我是攜槍械投誠的。」日昌答覆並出示所有攜帶的武器。

台籍日軍攜械投誠是常有的事，女兵相信，於是將他帶回營見長官，他走到營區前便見一個共遊長官在樹下一張桌邊辦公，於是他便肅立行禮致敬，辦公中的長官也立即肅立回禮。這樣一視同仁的精神讓他十分感佩。他嘆，若是日本軍官則都視人如草芥，想得到他的真誠回禮還要再等。他將武器繳交後便被招待入內。

日軍次日起床點名時始發現日昌失蹤了，查看武器也發現失落，於是斷定無他，一定是日昌報復遭毒打而攜械投共了。小田氣得跳腳，失去理智萬份衝動而不經思考便吶喊：「明天進行討伐，蕩平共黨巢穴，活捉日昌砍頭示眾……。」

當晚午夜後小田便親自率軍往五指山方向出發。他們藉星光劈開荊棘，穿越茅蘆、芒草而牛步前進，好不容易走到山麓時還未找到共遊的營區蹤影，又再走。忽然有個隊員忽然發現就近有一個人影從高高的椰子樹蒼茫滑下的影子而高呼：「大家看吧！那顆椰子樹有人……。」

共遊在營地外面高高的椰子樹上設有瞭望台，日夜輪流當值看守，他們萬萬想不到日軍會忽然進行突襲，當發現時既來不及發信號，也來不及逃跑，當他著地時日軍已在樹下等了一會了，他跑不掉只有被俘了。

「你們的營區在哪裡？帶路！」日軍追問。

在槍口對準下俘虜只好被押帶路了。他們穿過重重芒草灌木地帶終到了其營區，其營區雖然不大，但營房、辦公室、廚房、倉庫……五臟俱全而房舍全以芒草結成，營區三面環山。

他們獲悉日軍突襲已到了門口便倉促退入山區，當日軍進營時，它已成為一片空城了，於是他們便搜索每一個角落卻搜不到一人。但發現廚房爐灶柴火還正在燃燒，倉庫堆滿糧食，光是花生便佔滿一倉庫，營區一棵大榕樹幹則吊著二隻大豬的屠體。可見他們正準備早餐時倉促逃離的。

日軍相打沒對手，討乏捕捉日昌的行動徒勞無功，但虜獲戰利品——二隻大豬屠體。小田下令將豬體抬回營，二人抬一具，也強迫俘虜抬扛帶路，打算沿途輪流換班，而準備上路。

不料一轉身起步山上便響起機槍聲，小田被擊中右手肘，血流如注。原來共遊一發現情況有異便立即退入山區，早在山頂裝起機槍俯瞰營區伺機發射而機關槍是日昌攜帶出來的。發射的槍手也是日昌，不然共遊還沒有這種武器。

歸途所見全是原野，又不熟地方，故都斬荊而行，又抬扛隻大豬的屠體，故走得十分辛苦而一再休息。小田其傷口仍在流血，他逢水便猛洗其血漬，邊洗邊自慰：「大概不要緊吧，大概不要緊吧。」

他們休息後再走，走過一段又氣喘如牛時又休息喝水、抽菸，一趟剿共突襲之旅隊員都好笑又自嘲，談笑解悶，嘈雜一團。休息一陣後當起身上路時始發現俘虜乘亂溜之大吉了。

小田依然逢水必洗血漬，鮮血依然不斷在流，而好不容易始回到了營區，但他已失血過多，雖然急救仍然一命嗚呼。

三十七、泰丙哥的牯牛

泰丙哥篤實木訥與世無爭，天天都可見他牽一條牛，荷起一張犁或一張耙幫人家代耕，為一個不折不扣的篤農。當春耕夏種時他便包人家的大片水田代耕而讓田主進行插秧。此時他便和愛牛天天在汪洋的水田中有如一葉扁舟般默默耕耘而幾十年如一日。

不過世事難以逆料，大戰爆發了，接著出現「空襲警報」這類新名詞。雖然前線連連傳回捷報，而後方台灣則依然平平靜靜，但統治者為了對空襲有備無患，軍方也認為空襲並不無可能，因此頻頻舉行防空演習。學校由老師指揮，地方民眾則由部落會長指揮，部落會長為領導青年團，防衛團和民防工作的。演習都十分逼真，如歷其境學生和民眾跑警報跑得氣喘如牛而被弄得怨聲載道。

有時則把柴草點燃虛擬敵機已投下燒夷彈而令婦女當救火員接力傳水灌救。較老輩的民眾則對這防空演習都抱持消極態度，認為統治者全在糟蹋民眾，他們持這樣不屑態度與日人長久暴虐統治而產生厭惡有關，丙哥則見民眾的防空演習跑得臉紅耳赤，則心裡譏笑道：「唔，庸人自擾，若敵機的炸彈一落真的你們跑得掉？」而且他對空襲還抱持泰然自若的看法，他認為敵機絕不會濫殺無辜，他的信念是俗諺所謂的「大牛相鬪，小牛認吃草。」以為日美大戰，美軍絕不殺被殖民的台灣民眾的。

世態真是耐人尋味，防空演習這場假戲竟然真做了，果然響起了空襲警報。未曾經驗的大事一但發生，格外令人萬份恐怖，警報一響民眾都一骨腦地鑽進防空洞裡，村裡一時靜悄悄，馬路上也不見熙來攘往的人群了，唯獨一人看好戲似地從莊尾招搖到莊頭而一邊抽菸吐煙，還流露好笑的樣子。

躲在洞裡的民眾探頭一看發現竟還有不怕死的人，細看下竟是泰丙哥。於是連忙緊張兮兮地：「丙哥趕快進來吧，暴露外面是很危險的。」他們都緊張萬分而丙哥倒悠哉悠哉道：「我不怕，我不怕。」

他走到另一防空洞人家又喊：「丙哥快進來」他仍然：「我不怕，我不怕，謝謝，謝謝。」丙哥當人家請他進洞躲警報而他總搖頭如此致謝。

台灣以後便幾乎天天都響起警報而每響起警報民眾莫不迅速鑽進洞裡，惟丙哥生活如常，管他空襲不空襲，總是牽條牛荷著犁或耙上田裡此時不過是大空襲前的序幕。雖時常警報卻從未出現過一架敵機。民眾雖驚慌卻有驚無險，只是浪費寶貴時間而已。丙哥從未跑過一次空襲，不但未因空襲浪費過一秒鐘，身體也平平安安。這樣幾乎可證明他的「大牛相鬪，小牛認吃草。」的理論是正確的。

有一天中午敵機終於出現了，二架骨拉曼戰機平靜地從頭頂穿雲而過，不曾發一槍一炮便一縷煙消失不見了。在田裡正在準備進行工作的丙哥喜不自勝而以為友機來了，連忙脫下斗笠猛向友機搖晃示意歡迎。飛行員當然不會注意到，但他以為禮儀做到而十分欣慰。

他痛恨日人的鐵蹄統治，更不滿小小警察卻幾乎握有生殺大權，可任意拷打民眾，民眾價值何在，難道他們天生打人的，而我們是天生被人打的嗎？他懷著敵人的敵人就是友人的心態，以後他每見所謂的友機都莫不如此熱烈歡迎。

愛牛天天勞動賺錢養家，家人也把牠照顧無微不至。牛和丙哥在田裡忙，家人則往野外採集嫩草回家餵養牠。牛出發工作前還餵牠一桶米糠或熟料。自有這條寶牛賺錢而本毫無恆產，白手成家的一家人便過起了小康生活。

父母愛牛如寶，兒女從小耳濡目染，故一樣愛牛，而成愛牛如寶的家庭，日常生活中總是三句不離牛。天天談牛，天天理牛，而竟從不知何時起有意無意地把牠名為「牯牛」。則把牯牛的房間裝上篩門篩壁以防蚊蚋侵入，牠真是牛中貴族啊。

丙哥深知牛性，更懂得牠的脾氣。牯牛若剛吃飽或太累牠都不願工作，此時他便讓牯牛好好休息，反芻而當牠解勞後便賣力幹了。

牯牛雖天天幹粗活而依然身體肥壯，青年海秀讚賞問：「丙哥啊，你真是個達人，牛天天幹重活還能照顧到如此肥壯，難道有什麼秘訣？」

「牛不怕千日駛，只怕一時枯。」這是一則俗諺；他崇信而把它奉為圭臬，可見也是真理。

美機的空襲日趨激烈；學校、政府、傳媒，都連連報導美軍將登陸的消息。軍方更積極趕工構築反登陸工事；但丙哥依然悠哉悠哉若無其事地天天都在空蕩的水田或旱田犁耕。

日常美軍航艦多停留東海，艦載機則起飛越過中央山脈再往西方面飛，這種景象丙哥司空見慣且必脫笠搖晃以打招呼而機群一直向西飛，不一會高雄那邊，便連續響起沉雷般的爆炸聲同時升起半邊天的墨色黑雲，接著大鵬灣那邊也響起爆炸聲同時也一樣升起一片墨色黑雲。

原來高雄港、東港大鵬灣都是重要軍事目標，他們先把較遠的高雄港先炸然後返頭炸大鵬灣，然後又越過中央山脈降落東海等候的母艦。美機的這種行動已成一個公式，民眾見他們從中央山脈而往西飛便懂得再十多分鐘就是爆炸聲了。此景民眾誤為敵機只攻擊軍事目標而不攻平民。

但一九四四年農曆正月初八日正當春耕準備插秧的季節，雖然民眾躲警報足有半年多，美機也常從頭頂上空飛過，但未曾發一槍下一顆炸彈，未聞一絲煙硝味；但依然不少民眾談空襲色變，雖是農忙期，但敢在空蕩無物遮掩的水田裡幹活者寥寥無幾。丙哥對空襲當然滿不在乎，而照常牽牛往田裡工作。

當天的天空顯得與往日有異；從頭頂飛過的美機較往日多，也飛得較往日低，地面高射炮有時在天空開花，他感覺奇怪而舉頭望而嘆：「嘿，奇怪，今天有點奇怪。」他也感覺今天格外寂寞，廣闊的田野少見人影，也少聽人聲。田野裡只見他和牯牛有如在汪洋中的一條船獨在默默工作。

薄午時分到了，該休息了，牠將牛與耙駛靠田岸，當要脫下牛軛時忽然「咻」一長聲，一鋸高射炮炮片落下，而正中牯牛的前右腳脛而把他給砍斷了，而血水染紅了田水。

他一見不禁嚎啕大哭，一切都完了，尤其斷在前腳，縱然能把他治好也只有三隻腳了，走路必跛呀跛地不良於行了，遑論再下田工作。他以為家裡無牛幫忙賺錢了還可以另謀工作轉業。但想給牯牛養老纔是問題，時時都須花時間照顧，還時時要防失竊，問題愈想愈悲傷。

先救牛要緊！於是他便疾跑回家，沿途哭著。他打算請庚海師醫治，因他擅治蛇咬和牛病或外傷。他跑回時始發現村莊一片凌亂，有好幾家的屋頂還正燃燒而防衛團人員正在救火，美機一波炸射後是否再來尚不知，故許多村人還躲在防空洞裡，他從防空洞裡找到庚海師而延請他為牛治傷。

「今天老早有個萬丹人來請我治牛，據說被蛇咬，無奈正逢空襲，當警報解除後我立即趕去，現在你先取藥粉去敷貼外傷而當我從萬丹回來便採草藥給服用。」當丙哥請他時他便如此答應。

牯牛受傷後痛苦流淚，站一段時間後又躺下。當牠受傷後就不吃不喝了，便也不拉不撒。踩腳踏車趕到萬丹的庚海師在萬丹把牛看診後。給草藥將傷牛救回後立即趕回家採草藥給丙哥。牯牛的傷口終給治好了，但已跛腳成殘。牠撿回條命，飲食雖正常，可惜英雄變成了廢牛，走路一拐一跳。

三十八、幽道路

日治時，新埤到潮州街有條四線道，民眾稱之為大軍路，該路設計為中間二條為快車道，其二側種道路樹而路樹外側是人行道與現代公路把道路樹種在兩邊的最外側情形大異其趣。

大軍路的路樹一長高便成為綠蔭隧道，若走在其間真是置身別有天地，發人幽思，時逢太平盛世，常見上街的民眾絡繹於途。

從新埤往潮州街其路線筆直，當一進潮州地界便是一座村落名樣仔腳，已建村好幾世代，其食場耕地也從村落綿延至潮州街麓地帶。

該村首富大興土木建造一座富麗堂皇的四合院，當其豪宅落成時連演十天外台大戲，真夠氣派。

當落成演戲時四方民眾不遠千里趕來觀戲，一時人山人海。鄰近巷子村的一位大力士也利用工餘時間，來觀賞。鄰近打鐵村的添丁子則與大力士素有不共戴天之仇勢如水火而他便利用大力士賞戲出神時刺殺大力士得逞，此大力士旁看戲的民眾都給濺射上一身血，此案曾風動一時。

喜事演變兇案，無異家亡世亂之兆，果然不久日人相中該村的一片耕地，還東延至九塊厝村麓，西邊則延至旗竿厝村麓的千甲良田，劃作軍機場用地，土地則以微賤的公定價徵收並強制遷村。

新居凶案那位首富首當其衝，祖先遺下幾十甲良田全被賤價徵收去了，巨金建構的豪宅等於金沉大海，他認為對不起祖先，把龐大的遺產毀在自己手上而一時想不開就懸樑自縊於自家牌樓。

日人的官廳或軍事要地總是殺氣騰騰的，軍機場蓋好後，更如一座鬼門關，直達潮州街的道路給封鎖了。往潮州街的行人須走沿機場向東的一條鄉道往九塊厝然後迂迴到潮州街。

機場的後門開在樣子腳原址而日夜都有衛兵在看守，白天荷槍實彈，夜間則上刺刀。民眾經過莫不心驚肉跳顫抖不已，故機場邊緣當晚間便沒人敢走近，形成一片鬼域。

有人就有事，有事就必有新聞消息，但該機場出事而沒有新聞消息，而民眾都被蒙在鼓裡，唯有文安一人耳熟能詳，它對機場或附近發生的事件無所不知。

他個性倔強，對靠日本人得志而在地方上作威作福欺侮善良的傢伙恨之入骨。勢如水火，他日常都跑到老遠找志同道合的反日份子來往，那些反日份子不乏住在機場附近的人士，機場的動靜都離不開他們的感官。他們所談的消息都是耳聞或目擊而得，並非捕風捉影得來。

文安與仁叔鄰居，他見仁叔在家就踏過來一起喝茶聊天而也常談到機場那邊的事態。有一次談到一個農婦傍晚從田裡駕牛車回家，還揹著小娃娃而經過機場附近時遭迫降的一架軍機削斷頭顱。

有一次又談到有個精神病患半夜瘋瘋癲癲誤闖機場邊緣，衛兵連喝三聲口令而都不曉回答而便遭刺死了。

有一次又談到住在機場鄰近的人家發現有一駕斷翼的軍機半夜返航機場⋯⋯。這些都不是什麼軍事機密，但他們都以耳語交談。難怪他們以耳語交談。若不幸被人家密告則其酷刑便無法想像。

不料這個民眾心目中的鬼門關，黑暗世界，它當時局趨危急時，軍方為了擴充設備而天天湧入成千上萬的民眾進行奉仕作業。挖深溝下電纜、挖營房地基、建造軍事工事⋯⋯。而機場四望都可見成群正在服勞役的民眾而機場竟成為民眾熟悉的地方了。

小小學生也加入了勞役陣容，各小學都派一班級學生參加。新埤國校則派五年級的男性參加，也就是金月那班同學。他們從學校步行十公里而到機場，小學生多幹割草、除草⋯⋯工作。機場面積遼闊以前僅利用到其部分而已，其餘則任它長草，部分閒地都草高沒人。

學生就是割除那荒地上的長草或以火燒方式除草，然後民眾便挑土加以填平作為跑道。當中午休息吃飯時軍方便送一人二支冰棒，讓學生樂此不疲。

機場的長草經學生連日清除後機場終煥然一新，而學生又轉而幹挖溝排水的工程，例如道路排水、營房前後排水……。小小年紀荷起一支大圓鍬，有板有眼儼然一個大礦工。

新埤的那一班學生被派挖掘一排營房前的水溝，小學生用大圓鍬，幹起來宛如狗拖犁在犁田一般吃力。金月曾自卑地想：「我們的工程恐怕和狗舔的一般難以見眾。」

萬萬想不到，一天未幹過，便獲得那戴著太陽帽而不停輾轉各角落監工的曹長搖頭讚揚不絕，他認為跑遍各角落所見都是新埤這一班的學生幹得最棒，既快又工整。其他學校的學生則多怠懶，做起來慢條斯理。

其實這些成績都是啟謙老師之功，他出身農家，刻苦耐勞，他總是身先學生袒裸著上身苦幹，始有如此成績。庫細校長見他勤勞又喜愛野外活動，故派他和學生專到機場工作而他們便成為機場常客。

機場的跑道等工程擴建整頓好後民眾又開始建造飛機的防空格納庫和掩體。格納庫建在機場內，以粗長的竹材建構成拱形的半圓洞而上面覆以厚厚的草皮，形成地洞的樣子以供躲藏飛機。掩體則建在機場接壤的人家農地裡，其規模亦很大，三面丈許高的土堤，一面則為推飛機進出的通路，它全由民眾以畚箕挑土堆成。而就地取材的土方是本平坦的農地，挖到處處沒人深的大洞。

掩體建好後還要偽裝；偽裝的工作是由學生負責了。由學生割草或砍樹枝蓋在掩體的新土上面，遮住了新土便不易被敵機發現了。於是啟謙老師又帶他的一班學生準備偽裝掩體工作了。一到現場，有些學生看見高高的甘蔗因當建造掩體時被工人摧殘至面目全非竟以為這些甘蔗主人已經不要了，學生以為有甘蔗吃了而高興雀躍。

其中最調皮的一個學生昭龍便問：「老師，我們可採甘蔗吃吧！」

「大家努力幹，當休息時就可採吃了。」老師見甘蔗以摧殘至面目全非了，竟也誤以為主人已放棄不要了，故允諾了學生當休息時便可任意採吃。

以為有甘蔗吃了而想吃甘蔗的學生格外勤奮起勁，割草、砍樹椏、砍灌木而搬到掩體上掩蓋或搬到堆飛機進出的名「幽道路」的臨時道路遮蓋，盼不讓敵機發現。其實掩體內停放的沒一架是真飛機而全是竹材編的假飛機，它做到唯妙唯肖與真飛機完全一樣。旨在欺敵消耗其子彈。

其偽裝也是做假的，半露半掩，蓋得太稠密則怕敵機不能發現，若暴露則又怕敵機起疑，故真如軍法所云：「虛者實之，實者虛之」。

學生幹過一個小時工作了，老師的休息哨子一響，那時好幾個調皮學生便破、破、破地鑽進甘蔗園，但又立即破、破、破地倉惶逃出來，在外面的老師和其他學生都吃了一驚，而往甘蔗園那邊看，而見一個黑衣中年婦人從甘蔗園出現手執一把劈鎌〈註一〉邊哭邊罵：「軍方把我的整個甘蔗園破壞不打緊，連甘蔗也被偷吃一光。」看她怒氣衝冠的樣子不會不殺人。老師、學生都嚇得如驚弓之鳥而恐慌萬狀地呆望著。

原來田主婦人因田地遭破壞，辛苦栽培的甘蔗被偷吃殆盡血本無歸而欲哭無淚。當她發現大群服勞役的學生又來了，便料到當休息時必進蔗園偷吃甘蔗，故早就執刀在裡面埋伏。

機場週邊精工設計建造的格納庫和掩體內所藏的都是竹製的假飛機，都是用以欺敵的，真飛機則統統乘黑夜一架飛機二十人推動而南移到南岸村森林藏匿。十里路程中部份假道公路，無路的田野地帶則利用大批服勞役民眾建造十五米寬的幽道路用以移動飛機。

「實則虛之」，為了不讓敵機認出，故又進行偽裝而啟謙老師又帶領他的學生前往進行偽裝工作了。這次真的把幽道路偽裝到敵機完全認不出，故把幽道路以割草和砍樹椏掩蓋得格外稠密而讓敵機認不出什麼。

當中午休息時學生便在森林裡吃飯，學生都好奇而跑去參觀藏匿巨木下的軍機。軍機有幾百架，大部份為零式機，亦有不少俗稱「尖頭子」尖頭子為最新式戰機。

註一、劈鎌：為砍除田埂上雜草的農具，約四尺長木柄，劈草時俯身就能幹，不用彎腰。

102.12.16 梅

三十九、在南洋的秀中

秀中和丁長一起應徵軍伕而雙雙錄取，被分不同軍種，出發往菲島前線時坐船，從高雄出發，雖沿途都有可能遭美國潛艦伏擊，但坐船順利抵達呂宋島而服役大田機場。

這個機場為從美國手中佔領的，而大加整頓改建的。一邊專屬戰機起降，一邊為專屬供轟炸機起降。其規模大而地勤人員也多，他們同船的新到軍伕多被派為該機場的地勤人員。秀中他們的一班共有十多人，大多不識字而秀中則具有國校學歷，故被派為班長。

機場的工作很多，取土填地，建設各種防禦工事，推飛機進出、割除野草……。戰地機場可謂前線中的前線，在裡面工作什麼新機都可一覽無遺，早上起飛幾架，下午降落幾架他們都一清二楚。

他們每早工作時必見一隊飛行員正在此時準備登機，經多日的目擊，秀中竟對其排頭的一位看來老實慈祥的飛行員格外臉熟，甚至對他產生了好感。但不知他何許人，飛行員與軍伕的職務和生活隔如天壤，人類社會常有彼此好感而終生未曾來往者。他們不知是例行演習還是進行出擊任務並未知道。不料一段時間後再也未見到那臉熟的飛行員了，他是否陣亡還是異調令他十分懷念。

當早上秀中一班人員在工作時，常見一位軍官習慣帽子歪戴，而走路神氣十足地從他們不遠前面經過，據說是田邊上蔚，是個資深飛行員。秀中習慣多看他一眼而同班的老卻見秀中的眼光一直望著田邊時便說：「他總是把帽子歪戴，走路神氣十足。」因他一向也對田邊的戴帽和走路好笑。

原來田邊每早在機場踏上踏下是前往停機坪發動重轟炸機，如瘋如癡地苦練重轟炸機的空中翻滾技術，偏將不可能化為可能。笨重的轟炸機想能在空中作翻滾，一般人都認不可能的事，這種戰術也不管用，故世上也沒聽過重轟炸機能在空中翻滾的例子，但田邊則人家做不到的他偏要做到，做不到死不休。

他每當清早便獨自駕起飛機沖上天，霸王硬上弓地進行苦練，機場上空便出現一片天文奇觀，見飛機硬拗硬爬都爬不上翻滾的弧度，但他一度不行又再一次。他就是這樣廢寢忘食經好幾個月後竟如願以償了。地面上觀看的人群不禁喝采歡呼，他著陸雀躍下機時向歡迎者一一湊掌答禮。

軍伕的伙食愈來愈差，日用品愈縮愈少，班員們配菸總不能過癮而採木瓜葉取代香煙，秀中的班員多為種田的，懂得野外求生他們見機場裡不少蛇類出沒便抓來當佳餚。

當晚會，長官行時局報告時，總是報喜不報憂，說某次大海戰共擊沉敵人二艘航母二艘驅逐艦，某次大空戰擊落敵機百架……戰果數也數不完。長官的報告令人無限安慰，認為美軍不堪一擊，但戰局顯得風譎雲詭。太平洋上的島嶼相繼淪陷。菲島上空的空襲日益加劇，機場還常挨炸彈。正當此危急時竟出現不少新語彙；如特攻隊、挺身斬殺隊……。這些新語彙出現後便常聽見飛行員那邊的飯廳傳來喝酒唱歌狂歡達旦的聲音。軍伕與飛行員彼此都宛如隔山，都不知彼此的生活，故只是感到奇怪而不知所以。

幾天後同班的福緣在工作時問起他：「你看到沒有，這幾天每早都有一群戰機抱著大炸彈貼海而飛行出擊，不知幹些什麼任務？」福緣不識字凡文字類的問題都請秀中幫忙，故彼此來往甚密，有事則相告。

秀中好奇，以後每早他都留意觀察。果然二日沒三日，甚至連日都有一羣戰機出擊，它們一起飛便立即急降而作貼海面飛行。因飛機負載過重，海面偶爾湧起巨浪飛機便被吞進海中了。

機場臨海，機群為了免被敵人雷達發現而飛得極低。他讚賞飛行員的英勇，卻不知日本的處境已極端危急，非採用自殺戰術不能挽救了。

不日福緣又告訴秀中：「班長啊，有好康消息囉，軍方要軍伕中選取飛行員了，我們能當飛員了。」福緣不識字，但耳朵格外聰敏，每有先聽之明。

其實不是徵選飛行員而是選取機上槍手人才。因日軍飛行員損失慘重而至無兵可用，於是想出從一般兵員中選才的辦法而當機上槍手，因不會駕駛也能放槍，只要身體健康坐上飛機不發暈便行了。

因此每一軍伕都須經過身體檢查和迴轉儀的測驗。福緣雖碩壯但經迴轉儀一測試便走起八條路，秀中則經一測再測而走路總穩如泰山，於是被選當起了機上槍手了。

他經短期訓練後便派上座機，其任務為當發生海戰時支援軍艦或當敵人登陸時支援步兵。這時島上的空襲頻仍，海上會戰連連，他一開始就連連支援海戰。

他擔心坐機駕駛員有如課本上所述的一樣，精忠死心塌地動輒自殺方式對付敵人，但出乎想像，每當出擊登機時駕駛員便教秀中：「我們管他吧，發現了敵機你就把子彈猛撒，子彈撒完了我們就溜了。」大概他生性叛逆或上司得罪過他而十分不滿吧。

秀中聽他的話，每當一見敵機便子彈猛撒，一撒完就溜。在一次與敵機遭遇時他雖一樣把子彈猛撒竟也令二架敵機噴起濃煙墜入大海中。

他們倆立大功，還應邀到各單位演說發表制敵技巧，還放假十天給返鄉。二戰伊始台灣軍伕從前線放假返鄉休假從未有過，唯有秀中是第一人。

他搭飛台的便機抵達新竹機場。他穿一套簇新的軍官戎裝，胸佩所授勳章，腰間佩著一把扁擔長的軍刀，八面威風，家鄉轟動一時，羨煞不少人。他返鄉當務之急是看看親友、丹鳳和準岳母，也必須看嫁在打鐵村的心愛姊姊。

他第二天便進行訪親活動，騎起單車往打鐵村看心愛的姊姊，因久沒見面了，他從小由姊姊看大的，故彼此格外情深。情長紙短，一談便到了中午時間，秀中便在姊姊家作客，飯後又談至日晡始告辭回家。

歸途秀中正好遇上在田野架設電話線而收工下班的一隊日本兵，他們一身沾滿泥斑，有的揹著電線，有的荷著钁喙、圓鍬……而一路談到忘我吱吱喳喳，兵員本來排著隊伍的竟談得散亂不成隊形。他們談著談著忽然一個兵員驚叫：「前面！」

大夥向前一看，是個軍官騎著單車迎面而來，隊長立即下令：「大家排好！」

於是大夥兒便立即排隊肅靜。當與軍官相會時隊長號令：「正步！向右看。」而向軍官敬禮。

當敬禮後大夥始發現他並非軍官而是軍伕。同是官服，但軍官與軍伕有別，遠處難分，眼前則易辨了。有不少兵員以為吃了大虧心有不甘而猛罵「巴卡鴨囉」。

瓩姑自秀中當軍伕去後一直怨戰亂延誤了秀中與丹鳳的婚姻，也盼望世界早日和平而能讓秀中、丹鳳完成終身大事以償心願。幸好上天保佑給秀中有回鄉度假機會，她喜出望外認為正好利用此機會讓她倆成婚。

秀中看到老人家對女兒的婚姻如此關心急切到了失去理智的程度。於是只好答應完成老人家的一向願望。

戰時物資十分缺乏，又有種種限制，故以二支蠟燭，幾塊喜餅向祖先拜祭後便完成結婚儀式，結婚時新娘也沒穿婚紗，新郎仍然穿戎裝照像，請幾個極親喝喜酒便完成終身大事。

秀中榮獲十天假回鄉探親，他奔走訪過親友，辦過婚事十天假便滿了，而次日又動身到新竹機場搭機便回菲島前線了。回到駐地軍伕們都趕來問問家鄉的現況。因為相隔千里，軍方又怕洩漏機密而把其家信都銷毀，因此家人也無法通訊，家鄉的情況完全盲然。

當回駐地第二日，以前的同班同事福緣、老卻……慶賀他立功授勳而在其公園石桌開個小宴會大夥喜極唱歌……，當一個小時後，大夥正要回崗時忽然「咻」一聲，一顆流彈正中秀中胸膛而當場便失氣了。福緣著急往四方眺望，四方都在光天化日下並沒有異狀，安安靜靜，流彈從何處飛來的？完全不可思義。

死者已矣，福緣、老卻……等班員關心的是秀中帶給新嫂的失望，也盼望新嫂以後能節哀好好過日子。

102.12.16 梅

四十、在南洋的丁長

當丁長等抵達菲島時，日軍已成強弩之末，而早時在南太平洋所佔的島嶼又相繼淪陷。而菲島美軍登陸是遲早的問題，故日軍積極構築防禦工事。他們這批軍伕就是為此趕去支援建設工事的。

他們挖土築壕或建造堡壘，搬運材料，爬越山嶺不眠不休，他們至此始後悔志願當軍伕大錯特錯，但為時已晚了。

果然不久敵人進行登陸了，日軍在前線抗敵，他們軍伕也一樣在前線槍林彈雨中運送彈藥等支援工作。經幾天的激戰後終不支，只好且戰且退打算逃進深山，這時菲島日軍的處境已四面楚歌，美其名戰術撤退，以為將來援軍一到便出山進行夾擊，其實是天方夜談。

丁長他們的長官較高明，入山前下令劫持農場的牛羊，見人家的牛羊也加以劫掠，其所劫千頭羊，幾百頭牛和隊伍一起入山。丁長等以前在前線搬運軍火的軍伕搖身一變為牧人，而擔任起趕牛羊工作。

長官在打如意算盤，認為這些有腳，自己會走動的伙食，當我們走到哪裡便隨到哪哩，隨時可宰，無慮無肉吃，不致挨餓，殊沒有想及坐吃山空，一進山後便不知何時能再出山。

為了便於互相照應而進山時分成六人一小組。部隊走過一天，當見有水源地方便歇腳紮營而宰牛宰羊，走山初期還有肉、鹽、米、藥，可過得溫飽。但菲島山區幾乎每夜都有雨，帳棚則缺乏，許多士卒則躲在大樹幹避雨，樹幹總不能完全遮雨的，故令隊員都衣服濕膩身體不爽。

他們不過在山中過一夜便有精明的隊員看破了，認為走山只有受苦賣命毫無目的而逆向逃出山區，脫下內衣繫上木桿當白旗搖晃而向美軍投降。丁長則誤信日人的宣傳，謂「若投降美軍必把你們以戰車輾成肉醬宣傳。」故他一直都死心塌地追隨日軍進深山。

菲島山中濕熱瘴癘，又加上餐風露宿，不久赤痢、白痢便猖獗流行起來，患者難得正常照顧，所見都一病不起，若害上此病時覺腹痛，一痛就想拉，拉又只拉丁點，拉後又墜重不堪而不一會又想拉，痛苦萬分，身體很快衰弱下去。終於走不動而且部隊又不能等人的，而令人感到生不如死，故每當紮營過夜時，半夜遠近便常傳來槍聲，遠聲為別部隊傳來的，近聲為本部隊的。槍聲都是患者經病痛的無情折磨到絕望的地步而當在大樹幹下避雨時以其僅存的丁點之力勉強站起來，而以槍口湊上下頷，手扣板機子彈便從腦頂而出以結束痛苦。這種情形每晚都有發生。

不久隨軍的牛羊都宰光了，各組所分配的油鹽米也吃光了，而只有找野味採野菜充飢求生，部隊一紮營，隊員便拎起飯盒四處找尋食物，丁長和組員水秀、金業、明賀……都是家鄉時種田的他們都懂得野菜，如馬齒莧、刺莧……。有時則抓魚摸蜆撿釘尾螺絲。

有種樹葉含有鹽份，此部隊裡早耳熟能詳。故隊員們每當煮野菜時把它投進多少以權充食鹽。有次採野菜時明賀忽然在一處角落裡發現大屍堆而惡臭難聞，金業便喊：「大家趕快採一把布羌葉搓搓掩上鼻腔便可壓臭。」大夥聽他說而隨手抹布羌葉掩鼻，果然能壓臭而從容離開。

這些棄屍都是先頭經過的部隊拋棄的，因時有病故的隊員，而趕路部隊不加以浪費時間，故不加埋葬。但又怕嗆人，故死者都給拋棄在與駐地有些距離的地方。

他們見景莫不喟嘆好戰者，為了自慾挑起戰爭。一但戰爭一起，便不擇手段而無數生靈便遭摧殘痛苦掙扎而死。

前面有大批部隊正往深山逃，後面也大批部隊源源而來。部隊將逃到何處，逃到何時只有天知道，而經過的路上所見棄屍已漸多，而丁長他們的部隊也有不少人害上痢疾了，而班上的田安也害上了。此時部隊已完全無藥可用了。可謂只有坐以待斃。丁長在將進山而分組時曾誓言把組上人員視為兄弟，好好互相照顧，六人一起進山，六人整齊平安出山，同生同死……的抱負。

故同事有難也是為自己受難而十分關心。在家時仁孀偶而採草葯必展示告訴他這是什麼草，可治什麼病……想教他些草藥治病智識有備無患可急時受用，尤其野外求生。但年青人不曉求知總是聽者藐藐，而逢此急時始想抱佛腳而倉卒尋覓救命藥方。

組上全都對權安的健康關心而水秀、金業也跟著丁長採草藥，憑著模糊記憶看到類似仁嬸所教的草藥就採，所謂野拔葉固腸止瀉，白茅根清熱止血利水，桑葉宣肺清熱，莆公英清熱解毒消炎而取回以飯盒煎煮，然後以湯匙給田安餵藥。

不料他偏偏又不接受治療，認為惡劣的環境下又缺乏醫藥，無望把惡疾治癒且盼望他們放棄他，以免為了揹他翻山越嶺以致延誤逃亡時間而甚至害上隊員的安全。

他無藥治療加上愈深山氣候愈惡劣而病情迅速惡化，時時想拉，蹲過半天又拉不出丁點而不拉又十分痛苦，弄得一直在蹲著而沒有穿起褲子的機會，不久連爬都不會爬了，同組的組員依然輪流揹他翻山越嶺，不多日後便不治辭世了，戰地一切行動都匆匆，組上把他入土為安後又踏上新路程。

田安陣亡了，一起走山有如一家人，丁長不禁悲傷流淚，當動身進山分組時他誓言要把同組戰友視為家人，視若兄弟互相照顧而盼望人人平安同生共死，避難時六人進山，太平時完整無缺一樣六人出山。

組上六人已缺一了而戰爭還不知將拖延到何時，我們還不知要逃多久而部隊裡不斷有人染病倒下去，人人自危。水秀、金業、明賀……都擔心若不幸害上便死路一條——因山中無藥，氣候又十分惡劣，水秀甚至戲言：「我若不幸害上痢疾請你們不要理我，儘管走你們的路以免被我連累……。」

丁長則悠哉樂觀，認為自己身體精壯百邪不進也認為從小千錘百鍊肌肉硬如鐵疾病何有。但不日感到身體不適的竟是他，症狀完全與正在流行中的痢疾完全一樣。他連忙採藥，但一知半解太多不對，服用也不見效，此時他始領悟學到用時方恨少的道理。

他的病情日益惡化，終爬不動了，自明再也不可能見故鄉父老了。他死不足惜，遺憾的是無法報仁叔的恩，故請水秀寫十多張紙條沿路途擺放，他懂得後面還有部隊會經過而且其中必有鄉人，鄉人則多認識仁叔。而這樣仁叔便知道我已不在人世了。

紙條寫著：「親愛的戰友：祝武運安康。敝人：羅丁長重病，回鄉無望，萬望鄉親回鄉時轉告世叔張阿仁為荷。地址：台灣高雄潮州群新埤庄建功。順祝戎安。

果然經過的部隊中不乏同鄉，其中定嘉發現而檢閱，知道了丁長已不在人世。

丁長真是無福，他去世不過數日美機便在深山散發傳單謂：「日本已無條件投降二戰結束了，台籍軍伕聞訊喜極歡呼。

經一場戰爭浩劫尚能活著，水秀、金業、明賀……感謝天地神明保佑，慶幸還有機會返鄉見父老兄弟……。出山的路上所見部隊裡每組人員都有損失，二個，三個甚至只有一個生還。

金業喜極忘形，他又具天生戲骨而沿途每見陣亡戰友的骷髏則必上前合掌致敬後開玩笑道：「朋友啊！這麼好笑，我們回鄉吧！大戰已結束了喔！」

四十一、安祥哥打鑼鼓總總慘

安祥哥為村裡舞獅團和寺廟的鼓手，他的鼓聲「隆咚隆咚喳」聽起來雄壯，清脆振人心；但當戰時非常生活時期稅賦日繁，生活物質日缺，徵召不斷……民不聊生時，其鑼鼓聲聽來彷彿在傾訴著：「總總慘，總總慘……。」

於是村裡的名嘴邱成增便秀起「安祥哥打鑼鼓總總慘」這句話已影射時局趨勢。因語句富趣味又切中時代，故引起家喻戶曉風行一時。

安祥哥他當唯一的女兒出嫁而獨身生活時，便日日在高恩寺做義工，天天打掃，早晚撞鐘。常見他幹過一段工作後休息時便一杯酒，一把花生米而獨自悠然地啜飲起來，真是樂如神仙，故又有人說「安祥哥打鑼鼓咚咚酒花生」的戲言。

高恩寺一向香火鼎盛，籤詩、藥籤都很靈驗，甚至北部都有信眾千里迢迢上該寺求籤詩、藥籤。寺中僧尼一向總在十位以上。寺中百花飄香，由其二棵巨大的玉蘭花樹飄香名聞遐邇，真是佛門靜地超塵脫俗。

祥珠、祥仁、阿才、善祥、仁祥、阿鼎等都是虔誠的居士，他們每晚都上寺佛念經，當禮佛後大夥便和住持釋慧師泡茶聊天而至午夜始散場回家而十年如一日，風雨無阻。

有一夜當散場時阿才回新埤，善祥、仁祥兄弟回打鐵。阿才半路發現西邊一棵大楛楝樹那邊有一團白雲升起，而其白雲昇到天空便漸漸化成一個巨大到幾乎遮住半邊天的大雪人，然後就在月明星稀的天空中以極大的步伐往北方邁進。浩瀚的天空不過給十步腳便走完了，而消失於北方蒼穹中。騎著單車的阿才曾下車從頭至尾加以觀看。

次夜上寺時向同夥說起昨晚天空出現的怪現象，不料善祥、仁祥兄弟也同樣發現這一幕天際奇景，也曾下車從頭觀看至尾。他倆當次夜上寺時也迫不及待想將昨夜所見天際奇景告訴大家。只是阿才捷足先登而已。可見阿才談得繪聲繪影並非他在捕風捉影。

這樁傳說村中耆老們都相信，以為那在虛空中邁步如履平地的雪白巨人是個銀精，是銀庫的守護神。由於那棵苦楝巨木是昔日清朝官的宅第遺址，當甲午戰爭台灣割讓給日本後清官不能把大批白銀帶回原鄉，就把這批白銀在附近深埋。這是公開的秘密，後代有不少人前仆後繼進行尋寶，但都空手而回。

尋寶無著，因此對寶藏產生半信半疑，甚至斷然否定藏寶之說。但續有不少人時常半夜發現那棵梏楝樹下一個雪白如銀的巨人在徘徊。耆老們認為那是銀精，寶藏的守護神。但這個巨人在浩瀚天空漫步還是初見。耆老們認為此乃世界將巨變之兆。

世界果然巨變，開戰時日軍勢如破竹，但很快就逆轉而兵臨城下，美軍登陸在即，台灣南部所見到處都是兵，兵員都住在學校或寺廟。高恩寺則駐上九部隊：通訊兵。

該寺駐軍後，第一，兵員一進駐，本香火鼎盛，僧尼香客熙攘的寺院立即產生巨變。因兵子是殺人的，所到之處總是刀光劍影。與太慈太悲的佛門靜地格格不入。第二，禁地多處，機密地方不能近，彈藥庫更不能走近。第三，人滿為患。這些種種一夕間便把盛寺變為冷寺了。

阿鼎、祥珠、善祥……諸居士歷經二十年的晚誦禮佛儀式也就此成為歷史。僧尼們都爭先恐後不到隔日便跑光光。安祥哥本高恩寺為家的，他看到不能再藏身下去，便包起他整修花木的小鋸而另覓寄身之所了，但住持釋慧師不能跑，若一跑寺裡便沒人早晚燒香禮佛也沒人撞鐘了，於是後來該寺只有住持一人夾雜在眾多兵員中禮佛。

黑帶桑〈阿兵哥〉進駐寺院，僧尼們如臨大敵倉惶四散逃避。但不知天高地厚的學童則有如天上掉下了至寶而喜出望外。由於他們都一口流利的日語。當下課時間金月、文坪、得順、松貞便相偕上寺看黑帶桑。

他們一進大門便見一個士兵正為一匹駿馬理洗，九部隊是通訊兵而並非騎兵。是因部隊長十分愛馬，喜愛駿馬，故部隊裡僅有一匹馬。台灣是少見馬匹的，故學生少見多怪，圍觀。日人又標榜馬為英雄的，於是更令這些學童看得更入迷。

松貞認為他自己站的地方看不到馬的全貌，居然貪快想從這邊穿經正在吃草料的馬頸下而到另一邊。弄得金月、得順、文坪驚叫：「唉喲，馬會咬人的頭髮吃的，趕快……。」在馬頷下的松貞便怕得倉惶衝過。對馬少見多怪的地方格外許多怕馬的傳說。

洗馬的是個老兵。但只有一顆星——二等兵。軍國主義國度裡，高官人家奉如神，二等兵則處處受人欺侮，甚至這些學童都瞧不起他。不一會有一個上等兵出現命他：「卡米叟呢，你洗過馬便馬上過來一下吧。」上等兵在命二等兵，大官管細官。

學童知道他的名字叫「卡米叟呢」而竟不視他是個長輩而老是叫他：「喂，卡米叟呢，卡米叟呢」。但他毫不在乎。學童雖對他沒禮貌，但勤奮幫他提水洗馬理馬。當馬理洗好後卡米叟呢便送各學童一枝鉛筆和三顆牛奶糖，四個學童喜不自勝。

一支鉛筆，三顆牛奶糖價值不過幾文錢，但是人家送的會令人開心爽快。故次晨上學途中這四個學童餘興未盡，談吐中總三句不離鉛筆，牛奶糖、和卡米叟呢。

九部隊是個通訊兵，一進駐便開始踏勘準備建造一座地下通訊站。而把花木移除，然後挖一口十米深大坑窖而從坑底築起銅牆鐵壁的收發報室。當發報室蓋好後上面再堆上十米厚的護土以防空，於是這個通訊網便宛如一座山。

軍方相中高恩寺建造通訊網是有地緣關係的，由於若設在沿海火線則經不起大炸彈的必然轟炸，若設內陸中則交通較費時，設於高恩寺則既可避大炸彈而又不致離沿海火線太遠。

這個通訊網站不但破壞了該寺風水還遮住了寺院觀瞻——以前從老遠便可一覽其莊嚴風貌的，現在卻都給其山峯遮住了，難怪氣勢如虹的名寺一轉眼便一落千丈，成為冷寺。

部隊進駐後為了親民而每戶人家都配給二瓶醬油，而這些醬油都是部隊省吃儉用積起來的。駐寺兵員每當早晨便坐上卡車往各地建造防禦工事或通訊設備了。伙伕則忙著做午餐，當做好午餐便裝上卡車分送到各地給工作的兵員。

一個部隊一天下來就有不少廚餘，以前物質充足時部隊裡的廚餘都丟棄或送人家養豬，現在因久戰物質荒了，部隊裡竟把廚餘留起養起豬。一養便二十頭，一個一等兵歐加哇擔任養豬工作，他們借用孫家空著的豬舍飼養。當餵豬時間便見歐加哇頭絞一條毛巾，肩負一大木桶飼料進行餵豬工作，軍隊裡自己養豬可見已進入克難時代。

該寺還充當補給庫。其廂房堆滿糧食，軍服、毛氈、和各種罐頭食品。還網羅村中數個美女為修改衣服等工作，修改衣服待遇不錯，但主辦的一個中尉十分不守規矩而強迫在修補工作的姑娘們必須在部隊裡洗澡。而當姑娘們進入洗澡時，他便搬張椅子坐在門口一邊抽煙一邊欣賞，有時則裝著沒有看。姑娘們則必須在他面前脫衣，然後進浴室，當洗過澡又必須回到他面前穿衣服。

寺裡當僧尼、義工都跑光後，寺裡便只有住持一人早晚在撞鐘禮佛。於是寺裡便不再開火灶了，住持的三餐都由招婿的女兒琦妹送飯，有一日送晚餐時發現部隊長向排著聽話隊形的隊員淚汪汪邊哭邊說，而令琦妹大惑不解；三日後始獲知日本已投降了，原來政府在投降三日後始向民眾公佈。

四十二、第一個回鄉的軍伕

終戰的半個月，一個風和日麗的假日早晨，金日、金月、金星三兄弟正在庭前玩球。正好要上小河洗衣服的中年婦人竹妹經過，告訴三兄弟道：「小朋友，豈不去看看熱鬧？過南洋的軍伕現在已回到半路了。」竹妹這樁消息為來自道聽途說的。

「長哥回來了，長哥回來了。」三兄弟雀躍萬丈，以為懷念的長哥終於回來了。三兄弟他們由於十分振奮竟沒問清楚現在人回到何處，也以為軍伕回鄉是件大事而與日治時歡迎軍伕出征場面一樣地人山人海盛況。也必有公家辦理迎接，也以為軍伕回鄉鄉公所也必銷假迎接。不料當兄弟抵達時始見鄉公所門可羅雀，因逢假日顯得公家機關對軍伕返鄉不當回事的景象；但兄弟的信心熱心未曾一絲改變。

三兄弟想等等看而在附近徘徊良久，而引起一個擺攤的婦人感到奇怪而問道：「你們三個有什麼事？」婦人以為這三個兒童一直徘徊必有事而問。

「我們要迎接南洋回鄉的長哥。」金星答道。

「唉喲！不是這裡呀！是潮州火車站！」擺攤的婦人也是道聽途說得來的消息。

兄弟獲知人在十多里遙的火車站，以徒步不禁望洋興嘆，面面相覷。到火車站需十多公里路，又沒有車不禁令人遺憾失望。但兄弟都急著想早一秒鐘見到長哥，於是金日道：「我們到打鐵村等候看看。」打鐵村為車站回鄉必經的路。

他們跑到打鐵村放眼一直線數里長的公路上並沒有什麼迎接的人羣隊伍而令他們失望了。於是又在該村徘徊了約一個小時，他們又不耐煩了，而金月又說：「我們跑去看看。」路雖遙遠，但情長路變短了。

他們跑過了五里路，也就到了戰時軍機場內的路段便見一個穿軍服揹著背包而身邊則有一位女性陪伴著迎面走來。金月想：「難道他就是回鄉的軍伕？怎麼只有一個人，他又不像長哥難道長哥沒回來？」

當見面時果然不是長哥而是同鄉賴奎華，身邊的那個女性則是他的胞姊阿桂。軍伕回鄉政府僅通知其家屬，阿桂獲通知後就一直在火車站等候，當胞弟下車後因沒公車搭坐只好徒步回家。

阿桂當大戰非常時期嫁給潮州街一位郵差。不過二年便喪夫了因沒有生育又與夫家合不來，只好回娘家照顧單親的父親。但不久前父親又害上痢疾辭世了，故她過著悲傷失望的日子。

他獲悉在南洋當軍伕的胞弟健在，且回鄉了。上午老早趕抵火車站而一見胞弟便樂得無法形容，於是喪夫之痛失父之哀愁，便頓時雲消霧散。她從車站動身回家一路都牽著胞弟的手不離，偶有熟人問她：「他是誰？」時，她便對胞弟更寶貝起來而答道：「我胞弟呀，他剛從南洋回到台灣。」她回答人家時總是滿面笑容，喜出望外，樂不可支。

「奎華哥，長哥怎麼沒回來。」金日三兄弟因急著迎接長哥一睹為快，卻沒看見長哥而關心地問。

「他，他，聽說，聽說……。」奎華想說出真相又怕三兄弟傷心，不說則紙又包不住火。

「喔，聽說，聽說，好像丁長早已陣亡了！」他終於吱吱唔唔透露了噩耗。他雖沒有目睹，但集中營裡曾出示陣亡軍伕的名單。

望穿秋水盼望長哥早日回鄉重溫昔日兄弟般歡樂日子，誰知竟一場空，三兄弟不禁慟哭起來。

在路上最先接到奎華的是金日三兄弟，然後趕來想見他的民眾絡繹不絕。因他們過南洋當軍伕的親人生死不明，故急著想知其下落。況且第一批回台的軍伕僅有七人，南部卻僅奎華一人，故遙遠的恆春、屏東、高雄……都有民眾為探知狀況而趕來想問問奎華。

當奎華回到家時，門前早擠滿在等候他的民眾，而他想進門擱下揹包都不能進，甚至整個村莊都人潮洶湧水洩不通。奎華未進門便被圍堵住了。他站在人群中有問必答，盡其所知。這邊問「聽見某人的消息沒有。」那邊問道：「看見某人沒有。」

奎華的回鄉一家歡喜百家愁。獲悉親人平安的人家則十分慶幸，驚聞噩耗的人家則慟哭悲傷。魁嫂從奎華口中獲悉世麟的噩耗便立即哭撞到死去活來，獨子死去一切都完了。鄰居、親人都十分關心趕來勸慰。但喪子之痛不是三言兩語安慰就能緩和的。

瑰花見伯母哭得這麼悲傷而又無計可施而只有跟著哭起來。親友等勸慰無法給她緩和悲傷後便只有讓她大哭發洩了。瑰花則時時取毛巾給她擦臉──瑰花幫她擦臉是真正安慰了她。立即緩和了她不想活下去的絕望。她哭撞過整個下午始坐著靠椅上睡著了，而瑰花便取毛氈悄悄蓋上給保暖。

魁嫂能在絕望的風暴中轉而安心睡過去是瑰花孝心之功，不過是給擦擦臉舉手之勞竟產生了無限安慰起死回生之無形大功。

己妹、瑰花、安祥一家三口從新加坡回台時無屋安身，正好魁嫂的寬廣宅第都空著，於是自動請他們一家人進來同住。這樣既助人而也有了家族伴侶，兩全其美。魁嫂也熱中瑰花當媳婦，盼望世界太平，世麟返鄉時便給他倆完婚。故幾年的一起生活下來魁嫂和瑰花如同母女也視若媳婦。

魁嫂哭過一個下午累了，又得到瑰花孝順安慰，於是就在下午哭撞坐著的靠椅上安靜地酣睡了，瑰花則一直在附近看護著。當半夜時她醒過來，睡足了，也冷靜了，也餓了，於是進廚房開始在弄吃的。此時瑰花又跟著進去幫忙，瑰花種種孝行令她很快把不想活的念頭很快便淡化了。

奎華之返鄉描述南洋戰地慘狀而民眾始知被日人蒙在鼓裡而心裡霎時一片陰霾。

金月因心愛的長哥陣亡而悲傷，又見魁嫂喪子哭得死去活來而難過極了，他祈求上天讓魁嫂好好活下去。果然魁嫂竟然好好活下去。

原來瑰花事她如母，己妹也親如姊妹；故喪子之痛很快淡化了。

當她心情恢復便和己妹母女做起賣板條和紅龜板的生意，一家樂融融。

四十三、丹鳳又當起娘子軍

秀中不幸在駐地遭一顆不明流彈擊中而陣亡，在家的丹鳳一聞噩耗便暈倒過去，好幸族中的伯母、嬸嬸們合力急救始甦醒過來。丹鳳醒過來後就閉門不吃不喝痛不欲生一直哭。

公公阿辛喪子之痛其哀傷並不亞於任何人。但他盼丹鳳能夠節哀而裝作冷靜，但當他就寢時間關起門在房裡便獨自哭到天曉。兒子不幸帶來許多棘手問題，他就是為兒子悲傷，也為種種問題而難安。

問題，丹鳳尚未有一個子女而年輕飄飄，若守著夫家不嫁，不但浪費青春也得不到什麼好結果，而且唯一妯娌又像一隻母老虎，自私貪婪、不講理、加上所搭配的丈夫——大伯宛若一個木頭人，任她擺布，這樣的家境豈是久留之地？

但當公公的並不便勸她改嫁，而只好待她冷靜後由她自由決定。當見她稍靜時公公便告訴她。

「鳳啊，秀中無緣陪伴照顧你，害你辛苦了，你若不嫌棄想繼續住這裡公公很歡迎，而妳種種菜或勤奮打工而所賺的錢全都是你的，公公不會跟你取一文錢，倘若有了可靠的對象則改嫁也很歡迎，而我們彼此則如父女般繼續來往。」丹鳳早看出此乃非久留之地。不過她心中只有秀中一個人，又不忍慈祥的公公老後無人照顧，故決定留下來。

她決定留下後便認為無子無女兒閒著總要找個工作或事業勤奮賺錢。她曾想過種菜、養豬、養鷄……。但自己既無經驗又需相當成本，且千頭萬緒而終將其一一堆翻。但沒有一個工作或事業又感無聊孤單，而以前的娘子軍又嫁的嫁，有的招婚……早拆散了。

正當此時常見蘭印、春盈來找鄰居的鑑英玩，她們為日常幹會社工的伙伴，她們每在一起便是低聲談得唧唧蜚蜚趣味盎然的樣子。有時則放聲大笑。她們是在談做工時所經過的趣事。丹鳳不知她們談些什麼，笑些什麼。但她們的話三句不離「大肚福」。

丹鳳一知半解，但一知半解更耐人尋味，她好羨慕她們的快樂生活，更羨慕和她們一起幹會社工。會社工有會社工的複雜社會，丹鳳雖為一個做工娘，但從未幹過一天會社工，故想幹但又畏懼，但又喜愛極了只好硬著頭皮問問鑑英會社農場尚需要工人否，鑑英答道：「會社時時都需要工人，不過工資太低而已。」於是丹鳳便幹起會社工生涯。

製糖會社的甘蔗園，當大戰後期多遭空襲的燒夷彈燒成餘燼，而一直在荒蕪，當台灣光復祖國把它接收過來後便改為「台糖公司」，不過現在既為台糖打工了而民眾依然習稱為幹會社工。

大肚福當日據時就已在會社農場當工頭的，而他的眼光獨到，料到台糖很快就復員種蔗，屆時甘蔗種的需求無量，物稀為貴，於是捷足先登將正荒蕪的幾百甲農地種起甘蔗而計畫將來採種賣給糖廠。

他真是神機妙算，他押寶正著，台灣唯他繁殖甘蔗種，價錢由他予取予求，因此發了一筆大財，據傳說那次他所賺的鈔票一卡車載不完。

自古工頭多風流。因為職務上天天與女性接觸而日久生情，而與異性一起也常引起遐思，尤其是會社的工頭，因規模大終年都忙，女工多而且多為貧戶，銀彈攻勢易奏功。

錢多使人腐，他富有了而還一直戀棧當工頭，是因為當工頭天天都有機會週旋於姑娘羣中，故樂此不疲。若道貌岸然，正經八百則姑娘們敬畏不敢接近。故他凡事裝隨便毫無架子，且出手大方和姑娘一起便搶著作東請吃飯。他態度隨便而姑娘也不拘禮對他隨便起來。

他年長，姑娘們卻不敬稱工頭先生卻因他發福肚皮大而叫他「大肚福」。熱衷和姑娘們打成一片的他，又有長久經驗，於是他成為相女人的達人。女人經他一眼便看出其個性……。他也每見女人就加以端詳想知其個性……。總之生活上他的志趣只有在玩女人這方面。

女性工人形形色色來自各方，有的視為職業常年在幹，有的則消遣一般偶而幹一兩天。更有不少丈夫到南洋陣亡的年輕遺孀……。故工人中常有新人。熱衷獵色的他就是喜歡看看新人是否年青、美不美……。

每當上工時間工人魚貫進工地時。他喜歡站在距工人經過的田頭端詳。丹鳳是新人，第一天上工她和蘭印、鑑英……，進工地時算與他站著的地方不算近卻被一眼看出而觸知同伴道。

「嘿，那罩上花巾的是個無頭妖。」有些人習稱年青貌美的孀婦為「無頭妖」。他真是厲害，丹鳳臉上並沒寫，但他一眼就看出，不知憑什麼。

他看遍無數美女玩過多少女人，不過是消遣而已並沒留上一絲繾綣，但這次則給丹鳳迷住了，而令他失魂落魄如癡如醉，他以前雖花花世界，但從未想過納妾娶小，但自見到丹鳳後卻日思暮想，以為若有了丹鳳便萬事足了，於是進行買心誘情的大計畫。

會社工頭傳統上籠絡工人的習慣多以花錢作東請客令賓主盡歡而達目的。於是每當下午收工時轎車早在等候了。而他便和丹鳳、蘭印、鑑英、春盈等四個女人上街進飯店夜夜大宴。他請客的對象是丹鳳，其餘三個是為伴的，不然丹鳳不願一人跟他走。

他對丹鳳另眼看待的是請她吃飯外還時常悄悄遞給她各種珍貴飾物而盼望對他長出愛苗。丹鳳對他的盛情千恩萬謝。但她志在服侍公公至老，故沒有多想。他的一片癡情得不到反應後，偏不信金錢失了效果而採用別種方式進行銀彈攻勢。

甘蔗園的施肥工作終年可見，施肥時工人以桶盛滿肥料然後進入甘蔗園而一株甘蔗一撮肥料。當桶中肥料用完便再出來盛，盛滿了肥料又再進蔗園施放週而復始，而田頭早已排著所需要的肥料一袋一袋等著工人盛用。

大肚福鬼計多端，見丹鳳等四個女工都進入甘蔗園施肥時，他便悄悄埋二十萬鈔票進丹鳳所用的那袋肥料裡，然後藏身附近窺伺等候。不知情的丹鳳從甘蔗園出來要盛肥料時赫然發現一堆鈔票不禁驚叫：「哎喲，誰的錢啊，在肥料裡，誰的錢在肥料裡！」她如發現惡蛇般驚叫。

「我的錢呢，女人動輒這麼大聲！」他見丹鳳驚叫這麼厲害便現身，認為丹鳳不易上鉤，又怕人家聽見而只好將錢收回了。

丹鳳不吃餌，他便自明絕難達心願，但納小的狂熱已澎湃不可遏了，於是目標便移向蘭印，由於蘭印的姿色並不亞於丹鳳。只是許多不明原因令他對丹鳳如癡如醉。

他依然以同樣手法引誘蘭印。當她發現了肥料裡一堆鈔票便立即抬頭四望，見四周無人便以花巾將鈔票包起繫上腰間，此時大肚福出現了。

「錢是我的喔，還我吧，若不還我則你就給我做小的，如何？」大肚福說。

進袋的心愛鈔票她再也不願掏出了，於是她選擇不還。不久便嫁給他當小的了。丹鳳則依然賣力打工，一邊照顧老人家。

四十四、敗兵屯田

日治下的地方官員真是橫蠻跋扈，無法無天，民眾有如活在煉獄中，任他們宰割凌虐。曾有一次部隊進駐鄉里時，有位軍官見到警察不過因民眾賭博便把他打到頭破血流，一身是血便挺身而出。在眾目睽睽下將警察狠狠修理一頓，警察見他是個軍官而只好搓搓傷認衰溜了。顯得警察只怕軍人。

見到此景聰明絕頂的調淵始領略軍國主義國度下的軍人權力真是無限，仗勢欺民的地方官除了軍人外實在也沒外力可制衡他們。從此他便無形中對軍人嚮往傾心。熱衷結交軍人，甚至誓言將來孩子長大時將鼓勵他們當兵投考軍校。

大戰後期許多兵員進駐南部，因營舍不足軍官多借住人家的閒房，調淵也就騰出二間閒房給軍官住。其中名太原的上尉是位軍醫，由於太原平易近人而調淵又是個智識份子，且彼此志趣相同，調淵年青時又曾在醫院當過藥劑生而對醫藥很熱心研究，因此兩人算是同行，也是同好。

由於住在一起之便兩人每當一起就談得津津有味，而無所不談，不過話題還是多在醫藥方面打轉。當戰時令國家物資缺乏，民間無藥用；但軍方尚有許多高貴特效名藥，真是民瘦砲肥呀。太原時常給調淵介紹名藥，還出示所介紹的名藥，讓調淵一見廬山真面目。

有一次又介紹出示一種新藥且將其送給調淵。

「這藥是種強心劑，對心臟衰竭常得到起死回生效果。」他以為彼此邂逅良久而住調淵的屋，常喝調淵的酒……便想以這些救人良藥答謝調淵。

調淵以前曾開一家菸酒專賣店，因他的眼光獨到，料事如神，看出大戰在即，屆時名酒將絕跡的一天。故囤積一棧房名酒起來，這些名酒則當宴請恩客或知己時始搬出飲用。

太原將藥遞給時，調淵便取起該藥端詳，見它是一種注射液名「維他康華〈註一〉」。該藥太原共給他三盒。

調淵熱中交結軍人無形中產生許多力量，時常無事找麻煩的警察不敢亂來而且對於服勞役專挑軟柿子的地方官對他有所顧忌而他始有些閒假交遊。

最明顯的例子是村裡的青年賴發英應召當兵而駐大鵬灣，他們天天都在挖戰壕築工事而雨淋日晒，而衣服淋濕了沒換一直穿，日久他因身受濕熱交迫病倒了。軍中因缺藥而節約，又瞧不起無名小卒而任他呻吟待斃。連家族獲悉前往探視都不肯家族見其一面。不得已乃母務伯母始想起拜託調淵向太原交涉盼太原幫忙轉告軍方。

調淵轉告太原後果然朝中有人一切改觀，發英獲得正常醫療照顧了，當家族探視也獲得禮遇，發英因此撿回一條命。

村裡有個青年得郎生痔瘡成漏，肛門濃血不歇腫痛，痛苦萬份哀號床榻，此際民間沒醫生，沒藥，因他又是單身，乃兄嫂只好請調淵要求太原而獲軍方願意後乃兄嫂便駕牛車載運得郎而跑好幾個小時到軍醫院進行手術，終獲痊癒。

不料日本在民眾想像之外而戰敗投降，大戰結束了。一終戰，太原便想到部隊一時無處安身，便想借調淵的土地安身，因調淵有許多空著的土地，調淵見日本戰敗了，部隊一時將無處安身也早想自己許多空地報太原之恩，於是將郊區的二甲地借給部隊居住。

該土地尚無電源，不過一條鄉道從傍經過交通方便，北邊則一條大河而他們便以竹材、茅草蓋起二排營舍，廚房則蓋在近河取水方便的那一邊，用水無慮缺乏。土地則種起蔥蒜和葉菜類、南瓜等短期作物，他們也養鷄養鴨養豬，也買二條水牛耕田。

以前日軍惡如猛虎，現在卻成為牢中的病虎了。他們自明若不低首下氣遠離台灣民眾一點便有成為過街老鼠之虞。也認為陳儀政府若不給伙食則也有餓死之慮，故他們便努力勤奮種瓜種菜……。認為無米吃則以瓜以菜充飢。

他們因極少與民眾接近，民眾又極少進去而他們便彷彿與世隔絕了，在靜寂的環境裡，太原和部隊長佐竹習慣在房外喝茶賞月，而懷念故鄉和據說遭空襲破壞的故鄉和家園，也擔心不知何時始能返國。雖然日本戰敗失勢了，但調淵總和以前一樣對太原十分友善互敬，時常供酒共飲。

部隊長時常叮嚀兵員儘量遠離民眾，認衰自己是個敗兵，有如被咬倒地上的狗。其實台灣民眾看到日本戰敗而喝彩騰歡的是台灣終於回歸祖國懷抱，恢復自由，重溫中華文化，故重修廟堂神壇為當務之急哪有閒情計較既往的過失。

先後不過幾個月，村裡遭日人破壞的廟堂神壇重修好了而進行開光落成典禮迎神演戲。古樂嘀嘀噠噠、布袋戲叮叮咚咚，那些兵員都聽得心癢癢，於是不少兵員抑不住而跑到村裡看廟會。

被禁將近十年，而民眾無限懷念的傳統廟會慶典終於盼到了，而舉村歡騰，四方鄰村人也湧來觀熱鬧，加上跑出營房的日本敗兵——而萬人空港，真是別有天地。祭神典禮悠揚古樂，外台戲等等處處熱鬧。

一個戴眼鏡的伍長十分好奇，見神壇上形形色色的尊尊神像有的青面獠牙，有的雄糾糾威風八面，有的長鬚大刀……而不禁肅然起敬合掌膜拜，然後貼近神像一一端詳，然後拔起香爐上的一支香點菸。

有的則跑去看布袋戲而看到出神，對那些無腸肚的戲偶滑稽動作不禁好笑。馬路上可見小朋友和那些敗兵手拉手親熱地在蹓躂，彼此彷彿成了一家人。

敗兵在那裡屯田，不但沒受到民眾的絲毫侵犯和打擾，平平安安。不料有一晚他們的牛沒栓好，二條牛一起越欄跑走，那時正是晚飯時間，管理牛隻的照野、朝熊十分緊張，以為遭牛竊偷去了。牛為種田的伙伴，若被竊，種田無牛便一籌莫展了，難怪他們如此緊張。

他們倆太相信牛為牛竊所偷。故附近地方不詳細找而電筒火一挸，當附近見不到牛便以為牛不在附近而直往遠處跑，終於找到二里外的萬安村。該村尚無電燈，整個村莊一片昏暗又人生地不熟不知要從哪裡找起。

「我們進牛舍認認看。」照野道。於是進人家的牛舍將每一條牛都以手電筒照明端詳認認是不是自家遺失的愛牛。

他們不曉入村問俗而擅自進入人家牛舍進行認牛，其舉動犯了大忌而渾然不知。宛若未經主人的同意而擅自進人家的房間一樣冒昧。他倆進過數家牛舍，開電筒認過舍中牛隻，但進入另一家牛舍時正好主人正在吃晚飯，他們看見自家牛舍裡燈光搖動而以為偷牛竊來偷牛而前往查看。

主人發現二個壯漢正開著電筒，一手牽牛鼻把牛頭上下左右移動以辨認是否自己的牛，甚至主人來到面前了還繼續在認牛，這時主人便以為確是一幫牛竊而立即高呼：「竊囉！竊囉！偷牛竊囉。」他連忙呼喊村人幫忙抓竊。

台灣光復時竊盜蜂起，偷牛竊猖獗，竊盜人人痛恨，經一聲有竊舉村男丁便蜂擁而出。有的手執番刀，有的持鏢槍，有的帶棍棒，甚至有有帶弓箭者。那二個呆頭兵至此始知身陷險境而拔腳逃跑，村人窮追不捨而且朝他們猛放箭。

村人邊追邊喊：「竊囉！竊囉⋯⋯。怒吼的呼喊一時驚天動地，雖隔建功二里遙，但靜夜裡建功這一邊聽得好清楚，可辨出那邊一定發生了什麼大事。其聲愈來愈近。建功人因財物常被盜被竊而對竊盜恨之入骨，也製備各種武器自衛。故一聽到萬安那邊人聲怒吼而認為在趕竊、抓竊，於是男丁們便趕到村口等候接應。

「黑帶桑」跑得快，不一會他們便脫離險境而他們想跑經建功借道回營。不料建功早有一群人在等候接應。他倆想不致被誤為竊而距離還好遠就合掌向接應的村民邊跑邊猛拜道：「各位，各位我是黑帶桑不是竊，我是黑帶桑不是竊。」

村人一眼便看出他們是黑帶桑不是竊。但綽號金光的青年則認為這是逞英雄的最佳機會而以棍棒向他們猛毆幾下。

營中袍澤見朝熊、照野找牛而一直未回便派一組人找人，一組人在附近找牛。其實牛並沒被偷，牠們越欄後就在附近遊走而發現玉米田，牠們便飽吃一頓可口的玉米苗後就在河水裡泡涼反芻，而朝熊和照野則過分緊張而捨近取遠，跑到萬安村找，險些送了命。

敗兵他們雖住偏僻無電的草屋，含辛茹苦的生活，日子一多竟也習慣了，且對駐地生了感情。本認為至少住過一年始能遣送回國的，竟忽然接獲準備回國的通知，他們雀躍萬丈，但又依依不捨，他們最懷念的是調淵先生親熱照顧之恩。想家又想報恩總難兩全之美。離別時沒有別的禮物相送，太原便以自己最心愛的茶具做禮物送給調淵。

註一、維他康華為強心針劑，軍國主義國度裡事事軍人優先，故市面買不到。戰時有個老人心臟衰竭面臨死亡，調淵聞訊趕去給打一針該劑便起死回生。而讓他再活十多年。

四十五、黑吃黑木通傾家當產

木通偷得一袋金銀後便將它搬到早預定的地方暫時藏匿。然後花天酒地一段時間後，感覺坐吃山空的道理便想起做做生意。

小都市的小生意他看不上眼，而跑到港都高雄街做貿易生意。開始前他裝做路邊賣冰以吸取經驗和建立人脈，二來不被鄉人懷疑一步登天或許獲得橫財或不義之財。

由於長袖善舞吧。一個大事業的開始，他並沒遇上困難而開起大商行做起貿易生意，當時的時局已進入殊死戰階段，航線中斷，少見貿易活動了，故市面上的商行都在半停狀態。

他是個獨身主義者。但後來卻連續娶了二個妻子，且都充滿傳奇性：因其秘書知道他多金而日夜糾纏想結為連理。他偏不娶，秘書對他百般殷懃也無動於衷，秘書不禁暗泣，哭泣中得了一種妙計：當半夜忽然喊竊，木通聞聲連忙取起防盜械器倉惶撞進秘書臥房，此時秘書便迅速將門牢牢給反鎖，因此便和秘書同房過夜，終也成為夫妻。

不久又雇一個佣人幫他洗澡，洗來洗去日久竟洗成夫妻了。他到大都市開大商行幹得有聲有色還娶妻妾的消息便傳回故鄉，令村人豎起拇指讚賞不絕，且視為了不起的人才。認為赤手空拳隻身到大都市打天下真是了不起，許多人都羨慕還不禁肅然起敬認為村裡從未出現過如此才人呢。

有酒有肉多兄弟，村裡一個算是有錢人家的浪子；名巔巔聞訊便不時登門拜訪作客。他長有一張甜蜜的嘴巴，出口總是令人快感的恭維話。木通認為故鄉人而總是待以上賓，而且他對木通奴顏婢膝，故其態度也令木通不禁快感，因此彼此成為好朋友一般。

癲癲幾乎天天造訪，有時常在木通家吃、住，甚至木通的名酒放在哪裡他都瞭如指掌而酒癮來時便曉得自己去提。他是個飢附飽揚的無情吃客，但木通的成功消息經由巔巔傳回家鄉便令鄉人認為木通為人多麼慷慨，多麼富有而更受尊敬；這是木通給癲癲白吃白喝的所得報酬，木通可算並沒有白費。

大戰終於結束；台灣光復了。光復當時台灣百事待興，政經一片混亂，於是走私這一行業便應運而生，木通也捷足先登而和人組公司買船幹起走私這一勾當。

在故鄉裡一窖金銀被偷一空而尚不知情的勤姑當終戰聽見外面馬路上傳來陣陣歡呼而跑出來看。一問之下始知大戰已經結束，台灣光復了，於是雀躍萬丈自語道：「我要挖我的金窖了。」而返身回家準備工具，當天一黃昏她便進行開挖。但一挖再挖都挖不著金銀，終於知道黃金早被偷一空而她的心肝一時經不起這天大的衝擊立即發瘋了。

她散亂著長髮從莊尾跑到莊頭，見人就泣訴：「我的這麼多這麼多黃金被人偷去了。」說著還張開手臂形容山那麼大堆的金銀，而受她泣訴的人沒一個懂得其意而莫名其妙搖頭；不過她三句不離黃金，眾人以為難道她真的有黃金給人偷嗎？

沒有一個人理她後她便從莊頭往野外追，一邊道：「偷我黃金的竊子跑到哪邊去了，偷我黃金的竊子跑哪邊去了……。」她一直追，終於消失於黑暗的野外。家人獲悉她追竊去了而趕去想找回，但她不見人影了。

她一直往前追，黑暗中跌跤又爬起又再追而追到凌晨始倒下就地睡著了。她一直睡到次晨日上三竿始醒過來，她環顧四方都是認不出的生疏地方。這裡是什麼地方，我為什麼會在這裡，她完全作夢一樣。

她雖神志不清，但認出所處地方並非故鄉而且肚皮也餓了，於是起身撿路邊的果皮充飢而往前面村落走。她不識字看不出路牌、問路？人家看到她是瘋婆子而不跟她說話，她只好在此半村半郭的不知名地方當遊民撿垃圾充飢苟延生命了。她神志不清，一身髒臭，衣衫襤褸，但曉得祈求上天盼望遇上一位故鄉熟人。

在高雄市的木通組公司購船幹起走私勾當，因好賺錢於是獨立買船自己幹。走私，都是從台灣賤價採購糖米和工業原料……到日本賣，再從日本採買布匹、瓷器、藥品……等台灣買不到的必需品回台，賺錢有如賺水一樣。而所賺的錢又再買船，規模愈作愈大。

不料盛極必衰。正當事業進入巔峯時五艘貨船裝滿貨一起出發，竟一去無回，船員們早約好把貨和船都給賣掉而拎起鈔票各歸其所，木通在台灣等船回來的他有如熱鍋中的螞蟻，氣得七竅生煙都無濟於事，終於傾家當產一無所有了。妻妾和幾位情婦雖不少私房錢但都不理他了。不知情的鄉人還以為他的事業成功引以為榮呢！

正當此時仁叔在村中馬路上發現一個瘦骨嶙峋，穿著髒舊的西裝，戴一副老花眼鏡，身邊帶一個男童走起路來一顆大粒頭左搖右擺，看似旅居高雄的大商家木通，仁叔滿懷不解地上前問：「你不是旅居高雄的木通嗎？」

「是的，我是木通，我已般回故鄉數天了，現在借劉備的一間閒屋住。」

「咦，你不是，你不是住高雄過得很得意嗎？」仁叔一再問，一再端詳，又一再搖頭總不相信擺在目前的現實。

彼此邂逅談過一陣後仁叔曾請他到家裡喫茶，但他說有事後便往莊頭那邊走去了。

他身邊的男童是一位情婦所生。他的妻妾情婦共有數個，都早藏有不少私房錢，她們見木通倒了便猢猻散不理他了；唯獨此男孩的母親早逝只好隨爸流浪。

他回故鄉居住是為了打工餬口。殊不知自已年高體弱了，一經勞動便氣喘吁吁暈天倒地找不到好工作，沒人家要雇他了於是賦閒在家，當人家割稻就去拾拾落穗，人家採豆就去撿豆，人家採收地瓜就去撿撿小地瓜……。

故鄉充滿人情味。當地瓜收穫時便把等外的小地瓜提來送他，瓜果收穫時也把等外瓜果提來送他……吃的問題不用愁，借助的房子劉備也不予取一文房租，生活算是過得好溫馨。

人家時常送他農產，令他不致挨餓。就因靠人家的東西過活，他的自卑感日益加重，以為是個乞丐而外觀也像一個乞丐；甚至到人家的家裡也不敢坐人家的椅子，而人家在椅子坐而他則在附近蹲，以為可避免污染人家。

唯有仁叔一視同仁，硬拉他坐椅子；認為人何必分階級，而都同是來到世間受苦的。仁叔的仁慈待人始令有了年紀的木通深深領悟世界大同始能人人快樂的道理。仁叔便乘彼此一起的機會問他。

「聽說你在高雄事業幹得如日中天，為什麼棄之不幹？」仁叔不解其巨變而問。

「啊！報應，一言難盡。」他說。

「成敗世間常事，我們並不用氣餒，一次不成再來一次。」仁叔又說。

「啊！報應，報應，一言難盡。」他仍然這句話。

他經一問再問都總是以此句話敷衍，於是仁叔只好搖頭作罷不問下去了。

不久他害上輕度中風，治好後身體更老弱了，有一午夜他感到身體更不適，其不適的情形歷來從未有過。因此他便料及大去之期到了而擔心若死在破舊的屋子裡做鬼也寒酸。於是苦思想找個豪華的好地方作為離開凡塵的最後一站。他想來想去終想到潮州街的三泰百貨行最好；該行風水佳，高樓大廈，事業如日中天……。

於是穿起未曾有破洞的一身衣服，當天一曉便動身。當抵達時他便坐在騎樓大柱旁的石板上就一直在等候死神前來接他。和煦的晨曦照在他身上幫他取暖，令他能長時間繼續等下去。

購物的客人很多，木通孜孜一人一直在坐，而經過的客人都好奇側目。他從老早一直座到晌午過而死神還未來接他。裡面的櫃檯小姐從開店門就發現他已在坐了而晌午過後仍然在坐而十分不解。於是觸告身邊同事道：「嘿，那個穿黑衫的人從清晨就一直坐到現在，到底怎麼回事？」

他一直在等待死神接他，但等到太陽快下山還沒來接，他只好收拾收拾回家了。

勤姑瘋了，她跑到不知名的山村而找不到回家的路，人家問她姓名、地址則她說到天南地北，人家總是聽不懂，而她就一直在該地撿垃圾充飢度日。

勤姑的金銀被木通所偷只有天懂得。甚至其家人、舉村民眾都不曉得她以前藏有這麼多黃金。

四十六

日昌返鄉

四十六、日昌返鄉

日昌早胸有成竹決定不再回鄉看到家裡的潑婦。當獲悉大戰已結束時便想留在海南島過一生，一日從基地出來而到街上購物時正好邂逅舊日軍伕；家鄉的修榮，他有意避開鄉人，但來不及了。

「日昌我們回家吧！我是最後一批返鄉的軍伕，最後一批船期，你趕快準備和我們一起回鄉，不然以後便沒有遣返軍伕的船可搭了。」修榮語重心長擔心他以後想回鄉便後悔不及了。

「我死都要死在海南島，不要再看到那個潑婦。」他說著說著正逢一陣擁擠的交通人潮，他便乘機遁走不見人影了。

以後他便在碼頭幹起揹貨上下的裝卸工作，打算長住海南島一生。萬萬想不到幹過幾個月後竟遇上同鄉曾新英——新英他當台灣一光復便志願當水兵而到青島訓練，訓練幾月後便派上艦因有事而訪海南島。

新英對日昌不願回鄉而情願留在該島一事耳有所聞。故一進港看見一個裝卸貨物的工人背影酷似日昌而上前看看，果然是日昌。而他不叫日昌名而以手按他背部讓日昌驚愣一下。

「我們有緣哩。」新英以為彼此在天涯海角能夠邂逅實在難得。

日昌舉頭端詳片刻始認出了是個同鄉。連忙掏煙遞煙給新英，倆便抽著煙邊談。

「我們的坐艦正要回台灣，趕快準備，搭我們的坐艦回台灣。」新英以為再巧也沒有了。若不利用此機會將失之交臂。

「我死都要死在這裡，再也不要看到那個潑婦。」他恨妻子的態度沒有絲毫改變。

「人非聖賢誰無錯？仙人打鼓都會錯，別說凡人，她年紀增加了思想也會改善，行為必也改變的。」新英再勸他。

新英語重心長一再勸他都不能令他改變態度，於是改用激將法道：「那麼你這很好，正好讓那豬哥子猴哥升大王，家產變他的，嬌妻也變他的。」新英說。

「我那一點輸豬哥子？說話也好，寫字也好，打架也好……我那點輸他？」他一聽妻子和豬哥子同居便勃然大怒，立即返身準備將搭新英他們的坐艦回台灣，打算和豬哥子拼個生死。

水性楊花的妻子貞貞又十分貪錢，當日昌當軍伕一離家他便把開米廠的豬哥子帶回家同居，並已生下一對兒女了。

日昌氣噴噴回到家時果然發現豬哥子鵲巢鳩佔。見他正抱著小孩在椅子上翹腳而悠然抽著菸。他一見怒火中燒，拔刀將置之於死地。豬哥子則立即閃避而弄得二個孩子驚叫怕得要命。日昌怕傷害無辜小孩而忍手一下而伙房鄰居便趕到護救豬哥子離開了。

事後伙房叔伯都百般苦諫盼望貞貞改過自新從新建立家園也盼望日昌不念舊惡破鏡重圓。鄰居的熱心耐心終令他們夫妻感悟短短的人生一直用在爭鬪何異浪費生命。於是都點頭想重新建立新家園；日昌便放下心和貞貞住下去了。

不料豬哥子喧賓奪主獲悉貞貞變了心便一邊以生命威脅，一邊金錢利誘而貞貞很快便反悔了。她轉身和豬哥子聯手高價聘請術士對日昌施符咒。日昌很快就中邪，每當一出門就有一群陰人隨著他身邊左右前後，他到哪裡祂們就隨到哪裡，好幸那些陰人並未曾加害他或難為他，甚至很友善，還會對他讓路，讓座，自己倒茶喝。不過這些陰人全都不認識。唯獨有一個酷似他的岳父，且時時張口無聲彷彿要向他說些什麼話的樣子。乃岳父正當大戰，他在海外時過世，當非常時，其壽衣都以政府配給的龍標白布製成。日昌將所見向長輩們描述而長輩們都認為完全吻合。因長輩們都見過他的最後一面，他的壽衣確實以龍標白布製成。

這樁邪祟怪事不久便傳開了。也傳到老家一個堂弟吐飛耳朵。他一獲悉便拍拍胸脯道：「這樁事一切由我來。」說過便拔起武士刀傲視上下左右天地一番，而昂首闊步往日昌家走。

他並沒有些什麼法術；不過藏有一把武士刀罷了，乃兄當軍伕時偷藏一把中型武士刀回鄉，於是他便擁刀自重，時常惹事生非而動輒搬出武士刀，甚至認為該把刀神鬼猛獸都能治伏。

他一抵達便立即傾聽日昌的簡報。日昌一一告訴他，他獲知事實後又進一步問清祂們的出現情形。陰人雖不傷人，但不勝其擾，二來日昌也想看看到底他的神通多大，故告訴他：「現在你背後就站著一個。」而他迅速返身「呀」一聲把刀砍去。「你右邊又一個。」而他又箭步往右砍，「你左邊又一個。」而他又箭步一聲「呀」而往左砍。他左砍右砍前旋後轉一陣後問：「現在怎麼樣？」

「祂們都被你殺得片甲不留，都聞風跑光了。」日昌道。

「哇哈哈……。」他不禁大笑，一邊將刀收鞘後昂首闊步走了。

其實吐飛一陣舞劍亂砍亂斬後陰人毫髮無傷，依然他走到哪裡就前後左右隨到哪哩，雖無惡意。但不勝其擾，他不計較妻子的前嫌；但看來妻子的回頭一事完全絕望。此時他始後悔回鄉是大錯特錯若留在海南島則什麼都不致發生。

他因事態無解憂鬱日久，便顯得納呆潦倒而時常剪紙糊製紙風車、紙狗、紙牛……還掛上輪子而一村拖過一村，有時則徒步走十多公里而上潮州街市場閒逛。他過去從不扶乩卜卦的，但現在相信了。經路邊算命師一招徠便趨近坐下而想求助相命師一臂之力了。

相命師對施符咒有相當研究。經日昌傾訴他便樂觀地笑道：「好幸不是『五鬼符』，五鬼符為專奪人命的，但被施者雖必死；但施符者其家人也必死去同樣數目；故道士都不敢輕用它。看來施符者有意把你置之死地但幸受雇施咒的道士尚有良心而將殺人的五鬼符改以不會殺人的符咒代之。

「那麼我以後將怎麼辦？」日昌又問。

「祂們既然不會傷人我們就不用愁不用怕了，若害怕則眼睛不要看祂，當百日一過祂們便會消失。」

相命師雖然誨人諄諄。但日昌依然心情凝重，歸途還走得踉踉蹌蹌，總之他還半信半疑。

相命師的判斷是否準確還待百日過。但判斷準不準妻家終非久留之地；因為妻子已不再愛他，離開這個家已是應該的不過令他依依不捨的是伙房的叔伯親人。因叔伯親族們都同情他愛他，不忍他離開；但形勢比人強，族中叔伯也無可如何，於是只好揮淚相送了。

他終於打包向親屬含淚告別，親屬們也含淚好言送別。他回到老家便在一小隅空地上結起一間草廬安身。他的老家一無所有，他以前出贅於貞貞也是家裡貧窮的原因，他打算來日打工維生，勤儉積蓄盼將來有所發展。

不料他般回老家而那一群陰人亦隨他回老家，而如往常每當他一出門便在他前簇後擁，依然對他和平友善，對他會讓路、請坐，他們也會坐上椅子，不過時已近百日了。百日一過陰人便消失無蹤，再也沒有出現，相命師的判斷準確。

四十七、祿慶返鄉

大戰結束了，往海外作戰的軍伕相繼返鄉，唯祿慶依然音訊全無，乃妻己妹憂心如焚。祿慶是旅居新加坡而臨戰時被英國人認為日諜而被捕的，因台灣只有他一人；而與被徵召到南洋當軍伕的人員性質不同，地方不同，故無從軍伕口中獲知有關消息。而英國又天高皇帝遠；他被戒送到何方是死是活都完全不得而知。

但正當在南洋的軍伕遣返接近尾聲時竟接到祿慶回鄉的消息。幾天後居然回到故鄉了。他被捕送進集中營而至終戰返鄉時間足有五年之久，而親友的想像裡都以為他可能飽受英人摧殘到不成人了；不料出乎意外，他回到家鄉依然一條龍，健康活潑、樂觀、對過去一切若無其事一般。

他從戰前離開台灣鄉親到新加坡至終戰回鄉，足足有二十多年了，當他回鄉休息二天後他便進行訪親活動。他首途訪妻叔妻伯即仁叔、仁嬸等。金月獲悉堂姊夫來訪便連忙跑去客廳一睹其丰采，不料完全出乎他的想像；以前以為他是個大事業家必長有一副不凡的福相。但與想像大相逕庭，他瘦黑毫無堂堂相貌，不過他具能言善道的口才和八面玲瓏，菸不離手。他的一張不爛之舌令在場的親人都聆聽出神。

「那麼你被捕後被戒送到哪裡？」仁叔問。

「我被捕後就被戒送到印度一處集中營，在那裡生活並不苦。」他雖然輕描淡寫，但觀其輕鬆的表情可知他在那裡真的過得不苦。

他訪親友休息一段時間後便開始進行營生活動。穿一套舊西裝，一雙舊皮鞋，而一出門便十天半月始回家；回家就交一疊鈔票給己妹，己妹接錢後高興的程度外人未曾目睹。但丈母娘春伯母有話藏不住；尤其得意時更不吐不快，她便專程跑來見同是妯娌的仁嬸而自問自答道：「祿慶昨晚又回家了，又交一疊鈔票給己妹，唔，加一人幫忙賺錢我己妹生活輕鬆多了。」說過哈哈大笑一陣。

祿慶雖然營生四處奔波轉來轉去。但最常轉來看仁叔而叔婿很有緣，一談便半天。不久後仁叔便在自家一處排水良好的農地上孜孜不倦地進行整地工作；翻土、碎土、撿草根、作畦……。其工作的細緻實見所未見而令金月不勝好奇，於是問起。

「爸爸，要種些什麼？」

「要種些地瓜和玉米。」仁叔答道。

玉米田和地瓜的整地在農村裡司空見慣，根本與所見的大相逕庭，而不禁讓金月更為好奇而時來窺伺到底怎麼回事。而見爸爸把田整地好後還預備一堆以甘蔗業編成的遮雨板，然後開始播種如草籽般的種籽。

當種子播下後金月又天天上田巡視看看長出了沒有。不料一天又一天甚至半月仍不見長出什麼，反而長起密密麻麻的野草苗，野草則日益茁壯，有心栽花花不發；但金月並未失望天天上田巡一回。

一日終給發現盈尺草叢中數株極為羸弱的罕見陌生植物而心裏不禁歡呼:「這就是，這就是爸爸寶貝般所播種的植物。」他急奔回家告訴爸爸。爸爸喜不自勝立即趕上田而將所發現的寶貝植物的附近野草除去，並加以澆水施肥細心呵護，而慶幸失望中竟長出幾棵報訊的。

不料，這些寶貝雖然經百般細心呵護竟三兩天枯去一株，三兩天又枯去一株……。仁叔見將全滅了而萬份著急，絞盡腦汁苦思方法都無法搭救而束手無策。當剩下最後一株時他竟狗急跳牆將其移植上花盆而搬回家中庭院。在家中庭院澆水近，施肥便、蟲害少又溫暖；成功了，它長到尺許高便開出美麗花朵、結籽。耗費不少時間、精神、心思、金錢……僅得一株報聖。

不料以往時常訪仁叔而一談就上半天的祿慶忽然不再來了。仁叔十分關心，以為或許什麼意外，探問下果然出了事；東港的大個子刑警隊長對他窮追不捨，要緝他歸案，他則四處躲藏。

原來以前當他被捕送進印度一處集中營時，那些地方正是盛產阿片的地方那邊的人抽阿片家常便飯，連小孩都在抽，而他就在那邊學會了抽阿片，甚至回鄉後竟也幹起賣阿片的勾當。

他時常訪仁叔一談就是半天也就是在談阿片買賣，甚至仁叔神秘兮兮栽培的作物也是他堆銷的製造阿片的罌粟種籽——仁叔年青時便害上喘哮病，一受涼就發作，嚴重時喘到大汗淋漓，甚至有時只有呼氣而沒有吸氣，此時正到了最危險時刻，將奪人命。此時也，仁嬸便迅速取出俗稱「烏膏」的阿片，取其一抹釋進小杯水裡服下，便有如仙丹一般覆杯而愈。日治時雖然都是嚴官惡吏，但亦有人冒險販賣阿片生意。

大個子刑警一直窮追不捨，祿慶則逃無所逃，藏無所藏，其同夥共商解圍之道，但一再研商都無計可施，唯一辦法是將其千金；如花似玉的瑰花許給駐軍黃連長，條件是將大個子刑警置之於死地，此辦法黃連長一定樂於接受的……。於是只好採本辦法了

光復初來台接收的兵員都不成一個兵，不成一個民，一片混沌，毫無紀律，一羣烏合之羣。官員也見錢眼開有錢判生無錢判死毫無羞恥，故台灣政經，治安一團糟，竊盜蜂起，人心惶惶。

犧牲瑰花而救父一事，祿慶吩咐為母的己妹轉告瑰花。

「瑰花，父親不幸犯上殺頭罪了；只有你才能救得了他。」己妹含淚向瑰花商量。

「我怎麼救？」瑰花驚訝。

「若你犧牲嫁給黃連長則父親就得救了。」己妹道。

「我不要，兵子嚕嚕囌囌。」瑰花有如晴天霹靂，返身就躲進閨房，而棉被連頭都蓋住不理。

這是生命關天大事，迫在眉睫，己妹苦口婆心，盼能說服她；但她總是一聽就躲進閨房。由於事態不能再拖了，己妹便隨她進閨房想繼續勸而瑰花則裝睡將頭面以棉被蓋住不聽。

己妹則在其床頭邊說邊哭，她說過一陣見瑰花毫無反應只好起身要離開，瑰花聽到母親動身離開便掀開棉被，見母親一邊拭淚一邊開門關門的一副可憐相，不禁心軟腸斷而剎那改變了態度：「好，我要救父，無論赴湯蹈火……。」

當瑰花許諾這門婚事後黃連長立即帶領一批部下持棍棒，部分則帶槍在東港街頭埋伏大個子刑警。有一天終被遇上而把他圍毆到奄奄一息危在旦夕。祿慶無人追緝他了，無罪一身輕，這樣的司法有不如沒有。

不多日後瑰花便和黃連長完婚了。此時大陸的內戰正打得如火如荼，廣州的攻防戰將揭開序幕，雙方都正調兵遣將，黃連長也在此時奉命調回大陸參與廣州的保衛戰。

瑰花偕夫回到了廣州，為夫的黃連長便招她道：「我們看看老友去，好久不見了。」他所謂的老友是位中年女性很具福相，宅第也不錯而一身華裝，穿金戴玉儼然一位貴婦，彼此見面看起來好熟，黃連長也給老友介紹瑰花，然後彼此便談起來。廣州話與台灣話有差別，在說些什麼瑰花聽不懂，因此瑰花只有聽的份，他倆談話中那貴婦時時打量瑰花，不一會貴婦便招黃連長往裡面密談。彼此以手指表示數字，幾次後貴婦便給一疊鈔票，他接過鈔票後便悄悄從後門溜走了。

在客廳待夫的瑰花見貴婦出來而丈夫沒出來而想起身看看時，貴婦便道：「不用看了你已成我的人了，你看看隔壁的招牌。」

瑰花探頭往隔壁一看，果然一張招牌寫著：「嫦娥妓院」。因身處人生地不熟的地方她只有認命的份了。

廣州經幾個月的激烈攻防戰後已成為一片廢墟，民眾流離失所，餓莩遍野，國軍終不支，殘兵有如魚退灘一般紛紛往後撤。

瑰花在嫦娥妓館因她美的閉月羞花而紅極一時，有不少人認識，有好幾千從廣州撤退而後來到台灣的兵員，當時目擊嫦娥妓館紅極一時的瑰花已變成一個乞丐。正沿街乞食，而一身害上楊梅瘡惡臭難聞。從此以後再也不知其下落了。

四十八、羅家祖墳

好不容易姊弟、兄妹始相認識，不料上天不但不幫忙反而加以虐待；正當此時爆發霍亂病，不但帶來許多麻煩，還連累胞弟吃了不少皮肉之苦，而胞弟始憤而拒絕姊弟再來往。姊弟高興不過短暫時間。金妹埋怨若不是霍亂病搞局，他便不會如此生氣斷絕了姐弟感情。金妹每想到此事無不老淚縱橫。

不料一波未平一波又起，忽聞胞弟又憤而當軍伕到南洋去了以圖永遠不再相見，她晴天霹靂，認為當軍伕是走馬行船三分命的冒險生涯，喟嘆世上千百種事業可做而偏偏選上當軍伕這一行。她到此又自責起來；認為非觸怒了他，他也不會跑去當軍伕；但既成為事實了，只好盼望他平平安安回來而已。

她時常祈求上蒼保佑胞弟能平安回鄉。但大戰結束而傳到的消息竟是胞弟的噩耗；她悲痛欲絕而又自責若不是我自已惹起了令他麻煩事，他也不會死在南洋。其實是造化弄人；上天不早一天不慢一天發生霍亂病而偏在姊弟天涯初見想好好溫一陣天倫樂時發生，若不然也不會發生許多悲傷痛苦的事情；不過她自責竟把一切過失都硬塞進自己身上。

她嘆娘家僅有一支針，現在僅有的一支針又喪失了何異娘家已絕嗣，香火便中斷了，但她極不願意看到娘家在這世上消失，認為當女兒的該負起這個延續這羅姓娘家香火的責任⋯⋯。

她計畫蓋一座娘家祖墳讓後代瞻仰膜拜，這樣可算娘家並未在這個世界消失，子孫們也懂得外公、舅舅姓羅外婆姓鍾⋯⋯。這是她的理想，目前家境捉襟見肘當經濟改善後始進行。這理想她曾和丈夫蔡郎商量，蔡郎贊成，兒子明忠、明和、女兒春輝則涉世未深，金妹便時常講外公、舅舅、外婆的種種軼事給他們聽。也談及蓋外公等祖墳的理想。但談起外公等軼事兒女們尚有些興趣，但談蓋祖墳則宛若耳邊風，因他們均還在童年，只懂得玩耍。

不過世事如棋，台灣光復初期台灣經濟崩潰，幣值一瀉千里，通貨膨脹無度，民不了生，接著二二八事件大陸又內戰……人心惶惶。想蓋祖墳？迫在眉睫的現實問題先解決；故蓋祖墳的計劃一延再延。

當國家社會稍平靜，又接著一樁令人都無法想像的事情；蔡郎竟不自量力也愛了一位情婦。原來她倆天天一起打工而情婦見他積有些錢了，便誘他雙宿雙飛，把他的積蓄誘拐一空然後離他而去，憨直阿斗的他還不知情人已另築番巢了而一直低頭一路鑽去，而因起情婦除之後快之心。

她便利用新情夫率幫眾進行拂曉攻擊；把他從床上拖出來圍毆而打到遍體鱗傷，此時他始知道自己錯了。金妹則幫他敷藥，認為知錯能改就算它過去了。「金妹，我錯了，多謝你的原諒。」他頭上纏著綁帶兩手還一直顫動，痛苦萬狀的樣子哀求。

「現在才知錯；但太陽已下山了。」金妹譏他你已來不及了，太好的壯年黃金時光白白浪費了。

從此夫妻的身體都漸漸老化轉弱變壞，小病連連偶而大病，她的咳嗽成了痼疾，當時好藥名醫都難找，健康常識更貧乏。在無計可施下她聽說民間藥蔓陀羅果實薄切曬乾而當菸草抽則可治長期咳嗽。她試抽，但初則有效；續則不見效了。

衛生所也進行防癆措施，幫民眾驗痰，她驗後發現害上了肺病。害上肺癆衛生所也免費供藥幫人治療；可是該藥都粗糙不堪，尤其所謂的鈣片竟粗大到幾乎通不過喉嚨，且堅如石，菱角部分則利如刃，一服又服上一大堆。服該藥真如受罪想放棄，又辜負了政府的德政。

她於是決定再難服也要服。當服藥時她必自勉：「要命就要吞呢！」這句話以激勵自己。她每次服過此粗俗一大堆的藥，經過二個月見病情毫無改善；一氣便決定從今以後再也不服該藥，一刀兩斷。不料三個兒女獲悉她斷藥不再服時大為詫異而連忙指責媽媽並催促一定繼續服用。

年青人涉世未深，毫無經驗，事事都照書本生吞活剝，他們都固執於書本所謂鈣質對肺病極為重要，能令肺臟損傷部分長起一道銅牆鐵壁，能阻止細菌入侵。殊不知光服鈣質等一二種藥就可能把蠻強的細菌消滅還有疑問，且一服就一大堆，上司的處方藥師竟無考慮到患者是否受得了？

她見兒女們這麼關心著急而本堅決不再服該藥的她怕見兒女不滿而又咬緊牙關再服起，以前服過一段時間不見效當然再服也未見效，而咳嗽反而加劇咳個不休。咳嗽實在難治，尤其老人嗽更難治，兒女帶她四處看病都無法改善。

她的身體三病四痛；咳嗽竟咳個不停了，連就寢都咳個不停而躺下都不能，於是只好坐上椅子，當咳到半夜竟發現痰中帶血，三更半夜想叫醒明忠和其弟妹；但又想起他們白天奔波一天不願打擾，而且又認為自己無藥可治了。想叫醒蔡郎而蔡郎又是一個成癱瘓的病人，於是她一再忍下去而等待天明。

當天明明忠探她時，她已奄奄一息，甚至嘴角、衣物、地板上都沾有血跡，她和明忠見面不過片刻竟二腿一伸撒手西歸了，明忠兄妹想把她送醫都來不及了。

母親的去世明忠極為難過，以為兄妹對母親的虧欠太多了，未曾絲毫報答母恩。她也認為上天太不公平了；她從小就被賣而連父母都不認識，生長時的過程也百般折磨當生活趨安定時上天又把她招回去了。去世時不過五十多歲。

母親之去世明忠一直內疚難消，總是認為兄弟照顧不周，自責呆頭呆腦什麼看護知識都沒有，始讓母親那麼痛苦甚至早就離開了這個世間。

當明忠稍長；衛生智識漸多時始發現當時對母病的種種疏失和無知；自責以前兄妹未曾勤奮讀書，讓母親失望……等等。尤其後悔當時不曉採用中西醫藥合璧治療；而以有機的中藥加以清肺，補肺、潤肺以補正氣，卻僅以無機的有如石頭鈣片等醫治而致細菌日趨抗藥性，正氣日衰終致無可救藥。

但往事已矣，母親生前日夜思念蓋娘家祖先的祖墳以免娘家完全消失於這個世界一事必須完成以慰母親在天之靈。

但外祖歷代靈骸早已散失，連名字都不詳，舅舅又暴屍南洋的不知什麼地方，所謂蓋祖墳不如說蓋坐外祖的紀念碑。

明忠聽地理師的指導而將外祖墳蓋在與家祖墳並列為鄰，還聽地理師指導而其前面還挖一灘水塘；所謂風水即須有一灘平靜如鏡的水映照祖墳和深藏一股柔和瑞氣繚繞祖墳。

俗云：「風水能蔭子孫」故民間很注重建造祖墳；不過明忠蓋好外祖墳最明顯的是逢年過節在外的弟妹和住好遠的姨表姊妹兄弟都來拜祭，彼此更有聚首機會；彼此更親密了。外祖無後由外孫立碑記念，感情上以為羅家子孫自居，見羅家的人士便分外高興。

甚至與人邂逅時喜歡問：「你貴姓」若是姓羅的便如見故人。其實外婆姓鍾，外曾祖母姓余……。若一直探尋上去人人彼此都有血緣關係；人人都是親人，世界真是一家人。

史地傳記類

二戰前中後

作　　者 / 張鏡湖
責任編輯 / 羅加宜
圖文排版 / 連婕妘
封面設計 / 張鳳梅、葉佳怡

出 版 者 / 張鏡湖

印　　製 / 秀威資訊科技股份有限公司
114 台北市內湖區瑞光路 76 巷 65 號 1 樓
電話：+886-2-2796-3638　傳真：+886-2-2796-1377
http://www.showwe.com.tw

2014 年 3 月　POD 一版
定價：360 元

國家圖書館出版品預行編目

二戰前中後 / 張鏡湖著. -- 一版. -- 屏東縣新埤
鄉 : 張鏡湖, 2014.03
面 ; 公分
POD 版
ISBN 978-957-43-1269-6 (平裝)

1. 羅丁長 2. 臺灣傳記

783.3886 103003656